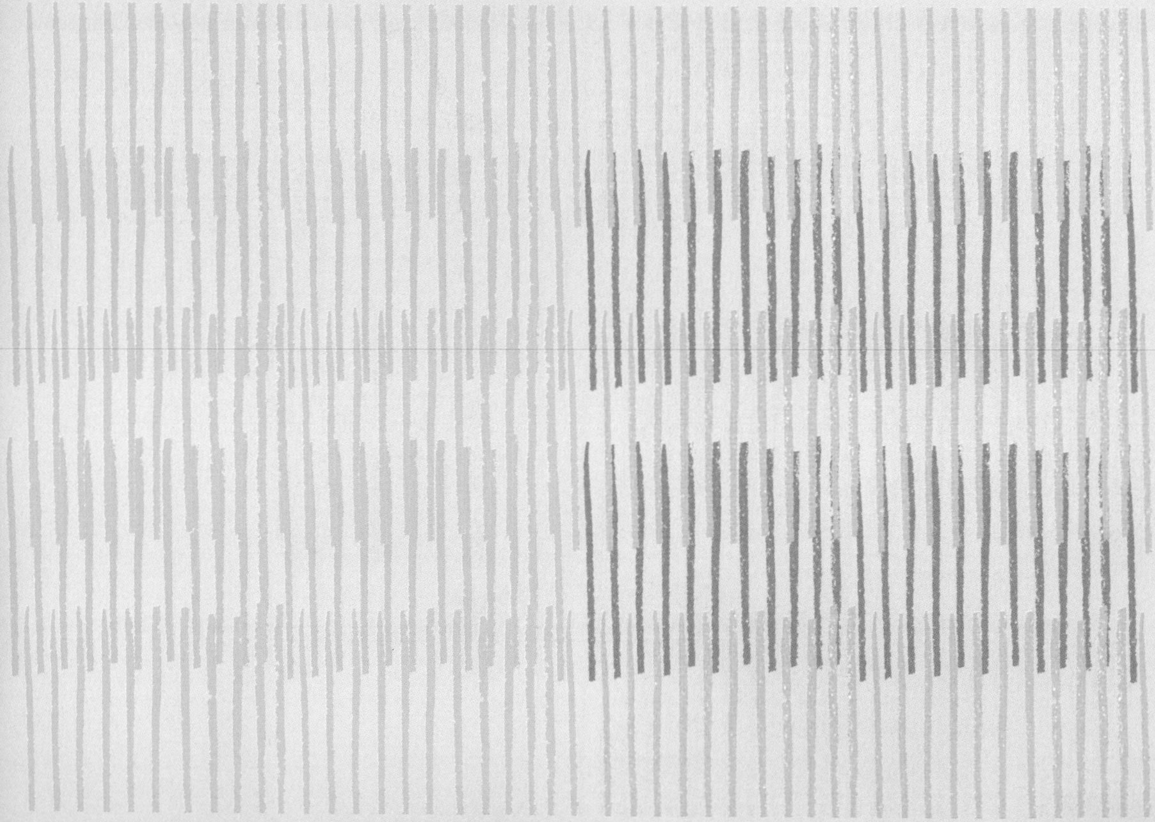

嚴選台南

府城食飲
綠植餐所
草藥茶食
古物老屋
職人手作

作者：吳靜雯

嚴選台南

作者／吳靜雯
總編輯／張芳玲
編輯主任／張焙宜
企劃編輯／張焙宜
主責編輯／劉育孜
美術設計／許志忠

太雅出版社／
TEL：(02)2368-7911　FAX：(02)2368-1531
E-mail：taiya@morningstar.com.tw
郵政信箱：台北市郵政53-1291號信箱
太雅網址：http://taiya.morningstar.com.tw
購書網址：http://www.morningstar.com.tw
讀者專線：(02)2367-2044、(02)2367-2047

出版者／太雅出版有限公司
106台北市大安區辛亥路一段30號9樓
行政院新聞局局版台業字第五〇〇四號

讀者服務專線：TEL:（02）23672044，（04）23595819 #230
讀者傳真專線：FAX:（02）23635741，（04）23595493
讀者專用信箱：service@morningstar.com.tw
網路書店：http://www.morningstar.com.tw
郵政劃撥：15060393（知己圖書股份有限公司）

法律顧問／陳思成律師
印刷／上好印刷股份有限公司　TEL：(04)2315-0280
裝訂／大和精緻製訂股份有限公司　TEL：(04)2311-0221
初版：西元2022年10月01日／定價：450元
（本書如有破損或缺頁，退換書請寄至：台中市西屯區工業30路1號　太雅出版倉儲部收）
ISBN 978-986-336-425-2
Published by TAIYA Publishing Co.,Ltd.　Printed in Taiwan

國家圖書館出版品預行編目(CIP)資料

嚴選台南：府城食飲.綠植餐所.草藥茶食.古物老屋.職人手作／吳靜雯作.
——初版，——臺北市：太雅出版有限公司，2022.10
面；公分.——（Taiwan；11）
ISBN 978-986-336-425-2（平裝）
1.CST：旅遊 2. CST：臺南市
733.9/127.6　　111011667

作者序

身為臺灣六都之一的臺南，雖為「都市」格局，骨子裡巷弄交織，讓人過著不無聊的穿街走巷生活。每次腳步一邁開，永遠無法預料自己會被帶到哪個次元，廢棄的老樓可以開個鬼咖啡，永遠沒想過可以上樓的老市場，竟是濃濃的王家衛風。

雖然近年遊客不少，但只要往巷裡鑽，馬上可從喧囂遁入桃源。且在這個陽光燦爛、隨處可見開闊天空與綠樹的小城，日子比較像是隨著季節花序過著，生活中的小事物，時不時會將不小心飄向過去或未來的眼光拉回現在，巷弄老牆縫裡天養的鐵線蕨、腳邊可人的野花草……。

不過最黏人的，當然還是南部人的親切，在路上站著，就可以跟人輕鬆攀談；還有、還有穿著夾腳拖亂晃的自在，無論是在怎樣奇怪的時間、鳥不生蛋的地點，還是可能看到幾個跟你一樣亂晃的人兒。無所事事，無罪！

在臺南，老的傳統技藝、建築、味道繼續傳承，新鮮的事物不斷湧出，這麼有趣又親切的「徵咖」都市，就像朋友說的，上個月才剛來，怎麼又想來了。

吳靜雯

深愛歐洲深邃的人文，眷戀亞洲溫厚的底蘊，樂居於穿街走巷的臺南。眼寬、嘴大、走路有風，好當旅遊職人，為大家精簡繁雜的旅遊資訊，讓大家出門玩耍盡情享受旅遊的樂趣。

出版作品：太雅個人旅行書系《英國》《越南》《真愛義大利》《Traveller's曼谷泰享受》《泰北清邁・曼谷享受全攻略》、So Easy 書系《開始在義大利自助旅行》《開始到義大利購物&看藝術》《開始在越南自助旅行》《開始在泰國自助旅行》《開始在土耳其自助旅行》等。

如何使用本書

本書分為【Part A / 體驗 Focus】與【Part B/ 散策 Area】，兩大篇章讓讀者完整體驗嚴選臺南的景點旅遊情報。

- 【體驗 Focus】以三個大類別、包含 17 個主題的體驗，能認識兼具傳統與顛覆的臺南生活豐富樣貌。
- 【散策 Area】精選 16 條臺南周區路線，幫助讀者快速深入探索府城風情。
- 書中附錄【Explore 臺南散策踩點手帳】，方便讀者規劃、紀錄探索臺南路線景點。

三大類體驗臺南旅遊生活文化
Chapter1：傳統 · 臺南式
Chapter2：顛覆 · 臺南式
Chapter3：藝文 · 臺南式

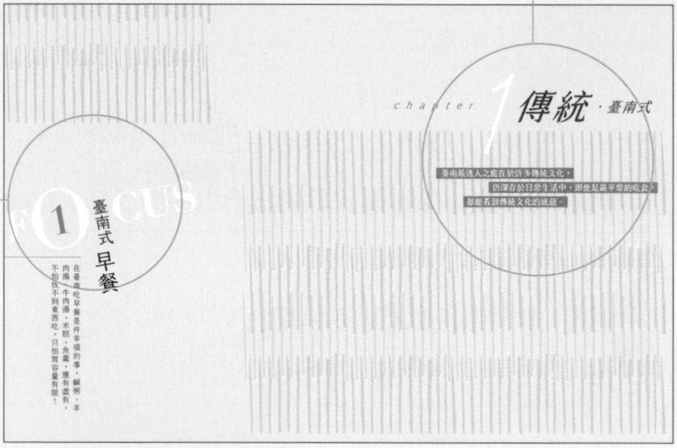

三大類共分成 17 個 Focus 主題，一一體驗，玩懂臺南

道地主題介紹，融入臺南生活

掌握經典店家資訊

專題介紹：更深了解臺南限定的體驗方式

散策路線

遊逛重點

作者私觀察

規畫 16 條周區路線，省力走逛府城風情

周區介紹

景點更多介紹篇章

出發前、旅行中，能規畫、註記專屬你的獨特臺南旅程足跡

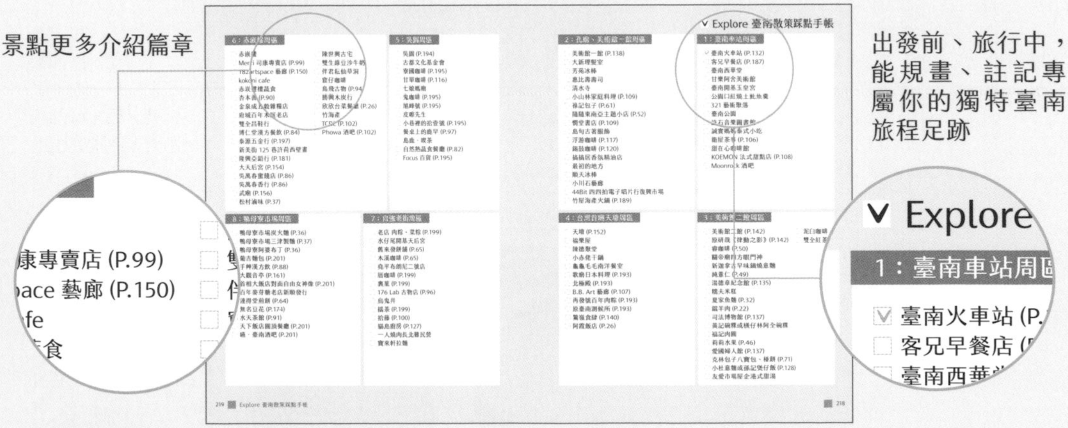

臺灣太雅出版編輯室提醒

出發前，請再次確認營業資訊

每一個城市都是有生命的，會隨著時間不斷成長，「改變」於是成為不可避免的常態，本書嚴選的臺南景點，多為長期經營的知名店家，本書的作者與編輯已盡力讓書中呈現最新的資訊，然而或因流行性傳染病疫情，商家可能歇業或調整營業時間，也可能店家為提供顧客更合適的服務地點，常有遷移店面的現象。格外提醒讀者在出發前，可透過店名至網路搜尋，或洽詢其臉書、IG 等官方粉絲專頁，確認營業現況再前往探訪體驗。

資訊不代表對服務品質的背書

本書作者所提供的飯店、餐廳、商店等等資訊，是作者個人經歷或採訪獲得的資訊，本書作者盡力介紹有特色與價值的旅遊資訊，但是過去有讀者因為店家或機構服務態度不佳，而產生對作者的誤解。敝社申明，「服務」是一種「人為」，作者無法為所有服務生或任何機構的職員背書他們的品行，甚或是費用與服務內容也會隨時間調動，所以，因時因地因人，可能會與作者的體會不同，這也是旅行的特質。

新版與舊版

太雅旅遊書中銷售穩定的書籍，會不斷修訂再版，修訂時，還區隔紙本與網路資訊的特性，在知識性、消費性、實用性、體驗性做不同比例的調整，太雅編輯部會不斷更新我們的策略，並在此園地說明。邀請讀者也可以追蹤太雅 IG 跟上我們改變的腳步。

taiya.travel.club

謝謝眾多讀者的來信

過去太雅旅遊書，透過非常多讀者的來信，得知更多的資訊，甚至幫忙修訂，非常感謝大家幫忙的熱心與愛好旅遊的熱情。歡迎讀者將所知道的變動後訊息，善用我們提供的「線上回函」或是直接寄到 taiya@morningstar.com.tw，讓華文旅遊者在世界成為彼此的幫助。

FOCUS 體驗

【臺南風／瘋臺南／我在臺南感受生活】

建城四百年的臺南古都，城雖小，卻創造出許多的經典與精采。跟著最具臺南風味的主題體驗，細細欣賞古都的多采多姿。

chapter 1 傳統·臺南式

臺南最迷人之處在於許多傳統文化，

仍深存於日常生活中，即使是最平常的吃食，

都能看到傳統文化的底蘊。

FOCUS 1

臺南式早餐

在臺南吃早餐是件幸福的事，鹹粥、羊肉湯、牛肉湯、米糕、魚羹，應有盡有，不怕找不到東西吃，只怕胃容量有限！

1-1

飯桌菜：肉燥飯

在臺南吃早餐，若不想吃單品，想來份精緻手工版的早午餐百匯，那就到臺南特有的飯桌菜報到吧！

遵循古法熬煮，肥瘦恰到好處、香噴噴十分誘人。

飯桌菜通常是清晨營業到中午，由大廚帶領著全體員工，從備料到烹煮仔細完成每一道當季鮮魚、時蔬料理。菜餚價格豐儉皆宜，簡單點肉燥飯配碗湯，百元有找，奢侈一點的話，來個鮮魚湯搭上幾道配菜，兩、三百元華麗抹嘴退場，可謂各族群都吃得起的精緻廚房，而臺南飯桌菜中，最具代表性的為赤嵌樓附近的福泰飯桌菜。

豐儉由人多樣吃法

飯桌菜可說是精緻手工版的自助餐，單以福泰飯桌菜最基本的肉燥飯來說，肉燥的每塊肉都是手工處理切丁，爆香後選用黑豆醬油，遵循古法熬煮，肥瘦恰到好處、香噴噴十分誘人。

臺南的飯桌菜多以一個個大圓盤盛放著大廚現煮的各道料理，層層有秩地放在攤檯上。那麼，到飯桌仔吃飯如何點餐呢？如前所述，簡單可點碗肉燥飯搭配綜合丸湯或三鮮冬粉湯，豐盛點則可來碗鮮魚湯、鹽蒸魚肚、青菜，福泰古早味的腐皮蝦捲、香腸也是必點，就連綜合魚丸湯的每一種丸子，都比別家多一種香氣！在店裡享用美食時，聽著店員充滿元氣地向廚師喊著客人點的各項料理，真是滿滿吃飯桌仔的正能量～

品嘗各式當季鮮魚

除了福泰之外，位在傳統早午餐一級戰區、國華街民族路口的江川肉燥飯，是簡單版的飯桌菜，肉燥飯也相當有水準，吃了會黏嘴的那種，配一碗西瓜綿魚湯剛剛好，古早味的炸排骨、肉餃湯也是江川的招牌。

福泰飯桌菜
臺南市中西區民族路二段 240 號
07:30 ～ 14:30，週六、日公休

江川肉燥飯
臺南市中西區民族路三段 17 號
07:30 ～ 18:30

而沙卡里巴市場（今康樂市場）內的基明飯桌仔，店面雖然樸實無華，卻是許多老饕口袋名單中的早餐首選，因在這裡總可吃到現撈的當季深海魚，光是鮮魚料理就有十多種，有些鮮魚肉還帶著一整串飽滿的魚卵，這可不是臺南才有的幸福吃法？！配菜同樣不馬虎，青菜都是當季特選，而基明提供的免費清湯更是蒸煮魚的精華。清晨一碗白飯配各式鮮魚，是府城人專有的醒神方式哪～

福泰的肉燥都是手工切肉、依古法熬煮而成的

1 | 2 | 3 | 4

❶ 臺南特有的飯桌菜，堪稱精緻手工版的自助餐／❷ 江川黏嘴的肉燥飯與古早味炸排骨／❸ 肉燥飯最適合搭配清爽的魚丸湯或三鮮湯／❹ 基明飯桌仔

基明飯桌仔
臺南市中西區友愛街 206 巷 6 號
07:00 ～ 13:00，週六、日公休

虱目魚全餐

虱目魚的各部分均可做出美味料理，一點也不浪費。

臺南人堪稱吃虱目魚最厲害的族群，從魚頭、魚皮、魚肚、魚腸，甚至魚骨都毫不浪費的拿來熬湯。

虱目魚在臺南人三餐的餐桌上，扮演著極重要的角色，早餐吃碗鹹粥或虱目魚肚粥，中餐配塊煎得酥脆的魚肚或煎魚腸，晚上來碗西瓜綿虱目魚湯或醬滷虱目魚頭。一尾虱目魚有多達兩百根的魚刺，有些人嫌麻煩不喜吃，但現在去除魚刺的功夫了得，已經很少會有這樣的煩惱了。安平五期的郭家鍋，甚至可吃到完全無刺的整尾虱目魚火鍋。

產地佔嘗鮮優勢

自從荷蘭時期由印尼引入虱目魚到臺南後，這裡就成了虱目魚的主要產地，新鮮直送烹調出來的鮮魚肉，香氣就是迷人。

煎魚腸是臺南比較能吃到的料理，第一次嘗試者，可得吃到好吃的煎魚腸，否則會對這道料理完全失去興趣。最推薦的是阿興虱目魚，魚腸煎得香脆，肝腸的部分則可嘗到魚肝的獨特香氣，不過魚腸總是很快銷售一空，建議前一天先打電話請店家預留或一大早趕快奔去吃。阿興虱目魚的煎魚肚也做得很棒，外皮煎得赤脆，魚肉則仍保有鮮嫩的口感。此外阿興虱目魚的鹹粥是少有加青菜的做法，香噴噴的蒜頭飯、肉燥飯、或蚵仔乾麵線配一碗魚皮蚵仔湯的吃法，也相當推薦。

醬滷虱目魚幾乎是臺南飯桌菜一定會看到的菜色，西瓜綿虱目魚則推薦水仙宮市場的三兄弟鮮魚湯，屬於精緻版的魚湯料理店，乾煎魚骨也很值得一試。開元路的無名虱目魚，有其獨家的供貨來源，總是能吃到最鮮美的虱目魚，每天門庭若市，要吃請早！

阿興虱目魚
臺南市中西區文賢路 252 號
07:15 ～ 14:00

川泰虱目魚丸
臺南市中西區大同路一段 222 號
06:30 ～ 13:00

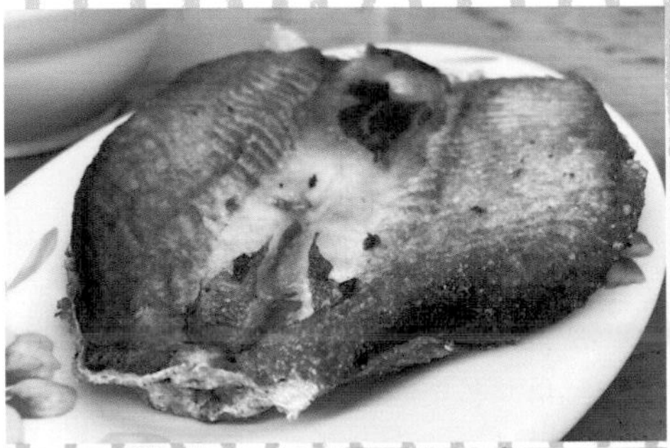

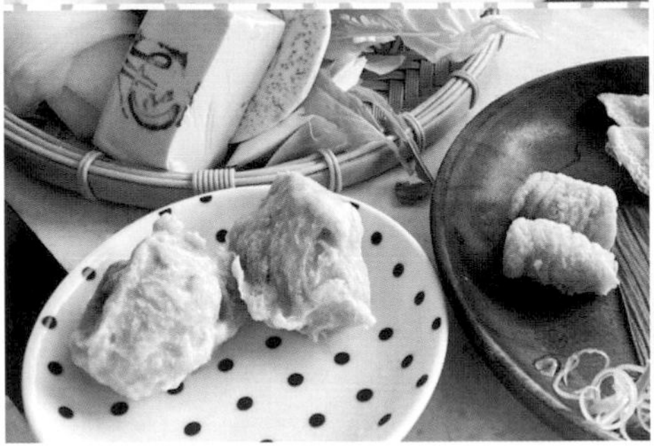

豐富海味三料丸

此外，臺南真材實料的虱目魚丸，是百吃不厭的鮮食材，最著名的是永記魚丸湯，一碗湯包含裹粉魚肚、粉蒸、燕餃、脆腸等食材，豐富用料讓人吃了大呼過癮。不過永記的靈魂人物已引退，現由周氏蝦捲接手。附近的第三代虱目魚丸出自同一家，這裡的肉燥飯也相當好吃。大同路的川泰虱目魚丸是劉家徒弟開立的，口味得到老闆的真傳，深受在地客喜愛。

此外，魚皮、魚肉、魚肚組成的三料丸，也是臺南較吃得到的丸子口味，口感融合了魚皮與魚肚的滑口及魚肉香氣，不嘗可惜。美麗的老屋火鍋店毛房蔥柚鍋，菜單上就有這項火鍋料可點。

1	3	4
2	5	

❶ 阿興虱目魚的煎虱目魚肚與煎魚腸是臺南煎得最好的店家之一／❷ 魚皮、魚肚、魚肉組成的三料丸，也是臺南特有的丸子／❸ 虱目魚的各部分均可做出美味料理，一點也不浪費／❹ 臺南的魚皮，魚肉跟魚皮的比例抓得很好，別害怕嘗試／❺ 永記、第三代、川泰豐盛的綜合魚丸湯

鹹粥

臺南人口中的鹹粥，指的是加了虱目魚肉、土魠魚肉、蚵仔的粥，粥的口感比較像是湯泡飯，並不像廣東粥熬煮得綿綢。

一般鹹粥店都會有較平價的鹹粥與貴一點點的虱目魚肚粥兩種。最著名的為阿堂鹹粥，總是遊客如織，價格較高，不過分量也較大；另一家名店為阿憨鹹粥，也受到不少顧客支持。

綜合海鮮粥，也是臺南人口中的「鹹粥」。

一碗融合海鮮甜美

若想避開人潮，三官大帝廟旁的新興路無名鹹粥，來這裡用餐的客人，感覺多是大家一起慢慢變老的忠實顧客，湯頭極為鮮美，都是使用攤台上那些海鮮熬煮而成的。這家鹹粥的米飯軟硬度，介於泡飯與廣東粥之間，吸滿湯頭的好味道，是臺南鹹粥中，米飯軟硬度拿捏得很棒的一家，每次過去吃都好怕老闆想退休啊～

保安市場附近的大勇街無名鹹粥，價格實在，近年非常受年輕遊客喜愛；安平區，最著名的為王氏魚皮湯，想避開人潮的話，安平市場一樓的鍋燒意麵也賣極鮮鹹粥，夏天市場有冷氣，同樣可舒服用餐，吃完鹹粥再喝碗隔壁攤的愛玉冰或後面的芋頭粿、鮮蝦肉圓。週五、六、日則可到冠津海鮮粥，是用料極豐盛的熱門鹹粥店（營業資訊請關注其臉書）。

新興路無名鹹粥
臺南市南區新興路 238 號
06:00 ～ 10:00，週日公休

1-4

牛肉湯

老闆有多用心，都會表現在料理上。

一般牛肉湯分牛肉清湯與牛腩清湯，牛肉湯是切薄片的牛肉涮熱湯，講求鮮嫩口感，牛腩湯則是塊狀，吃的是肉質本身的香氣。

多數牛肉湯店會提供白飯，並有一鍋牛肉肉燥讓顧客自行取用。吃鮮嫩牛肉片還會佐生薑醬油膏，喝湯時加點米酒，又可嘗到不同的風味。

細膩刀工呈現好口感

牛肉湯店中最著名的，是一大清早就得去排隊領號碼牌的六千牛肉湯，另還有假日必排隊的文章牛肉湯與阿財牛肉湯。安平的助仔牛肉湯算是始祖，這家較特別的是有道紅麴裹粉的紅槽牛肉湯。舊市區推薦已近七十年歷史的正老店牛肉湯，湯頭是以牛大骨與五種祕方熬煮，且至少要熬四個半小時以上，才會釋出最佳味道，喝來清爽毫無牛羶味。牛肉則是老闆細心依紋理處理，咬嚼不費力，分量及切片大小、厚度又比一般牛肉店來得多與厚！附近的新店阿杰牛肉湯，也相當優質。而有點遠離市區的灣裡市場陳記善化牛肉湯，老闆原是牛肉商，對於各部分極為了解，清燙的火侯拿捏得好，牛肉鮮嫩、湯頭清香，若想吃更嫩的肉，只需跟老闆說一聲就好，超適合牙口較不好的長輩。

正老店牛肉湯
營業資訊請關注其臉書

灣裡市場陳記善化牛肉湯
臺南市南區灣裡路灣里市場
05:30～13:00，週二公休

粿：米粿／肉粿／碗粿／芋粿

碗粿需要使用放了1～2年的在來米，因為帶殼陳放的舊米，水分流失之後較乾硬，磨粉做成碗粿、米粉、蘿蔔糕等米食，能呈現出乾爽扎實的口感。

碗粿加蒜泥滋味豐富，清蒸蝦仁肉圓則適合加哇沙米。

吃碗粿時可加蒜泥，滋味更豐富，但吃清蒸蝦仁肉圓，則適合加哇沙米。

知名的富盛號碗粿，配碗浮水魚羹剛剛好，對面的一味品名氣雖然沒那麼大，口味也很棒。美術館二館旁的黃家碗粿則較Q彈，薏仁湯熬得極好，可單純點鹹的薏仁湯或四神湯，敢吃內臟的則可點腸、肚、骨肉熬煮的綜合湯。信義街的老古石碗粿，藏了鮮香的火燒蝦更增風味，這家的肉羹湯是清湯，清爽的湯頭與碗粿搭配還真剛好。

煎米粿加蛋淋羹吃法在地

除了碗粿外，臺南的米食還包括純米做成的米粿，圓圓的米粿煎得香脆美味。水仙宮市場旁的七誠米粿，以加了香煎蛋、淋上竹筍羹的招牌米粿最迷人。晚上則可到保安路吃阿文米粿。所謂的肉粿是加了肉燥的米粿，永康、新化一帶最為著名。此外，臺南的芋粿，料好實在，滿滿的芋頭香在口中徘徊不去！國華街的川記、安平市場的許家都相當推薦。

黃家碗粿
臺南市中西區永福路二段 23 號
11:00 ～ 18:30，週一公休

老古石碗粿
臺南市中西區信義街 57 號
08:00 ～ 17:00，週五公休

七誠米粿
臺南市中西區國華街三段 105 號
07:30 ～ 18:30

1-6 臺南式米糕

臺南米糕與一般常見的筒仔米糕不同，臺南式米糕可以說是清爽版的肉燥糯米飯。

臺南式米糕可以說是清爽版的肉燥糯米飯。

糯米蒸熟後，以淺淺的特製勺子舀起肉燥淋在糯米飯上，再放點香酥的臺南旗魚鬆、醃小黃瓜與水煮土豆。咀嚼時米香蹦出，左搭一口魚鬆，右咬一片小黃瓜，平衡了肉燥油潤的口感。台語常說「換呷、換呷」，在臺南生活，就是輪跳於不同的小食，米糕是其中一種每隔一段時間就想吃的選項。

康樂市場裡的榮盛米糕是臺南的老字號，創始於日治時代，中午過來還可順吃隔壁阿財的香腸熟肉切盤。保安路米糕與下大道米糕都是飄香一甲子的老店，永樂市場的永樂米糕，滋味也高雅。金華路的戽斗米糕，每天晚上開業後人流沒斷過，推薦在櫃檯前的小桌吃，順便欣賞一下店員如何透過麥克風跟廚房唱念點單。

吃米糕搭四神湯絕配

米糕用的長糯米要先浸泡幾個小時後，再放進炊籠裡蒸，口感才好。保安路米糕仍使用底部有數個孔洞的木製蒸籠炊煮，讓帶著木香的蒸氣均勻將糯米炊熟。吃米糕時搭四神湯，口味更平衡，像是戽斗米糕的四神湯，那抹看不見卻存在感鮮明的米酒香好迷人。

戽斗米糕
臺南市中西區金華路四段 98 號
17:15 ～ 00:30，週二公休

榮盛米糕
臺南市中西區中正路 271 巷
康樂市場 106、107 號
10:30 ～ 15:00

保安路米糕
臺南市中西區保安路 16 號
10:00 ～ 22:00，週三公休

永樂米糕
臺南市中西區國華街三段 171 號
10:30 ～ 19:00

1-7 羊肉湯

臺南的羊肉湯通常提供清湯與當歸湯兩種，清湯為溫體羊肉切薄片穿氽燙，湯裡還會加酸菜，新鮮的溫體羊，毫無腥羶味！當歸湯則通常是用羊腩肉塊，另還有青菜炒羊肉及各種羊內臟，著名的羊肉店包括錕羊肉、大菜市無名羊肉、老泰。

1-8 菜粽

簡單的花生菜粽，配碗味噌湯，是府城人習慣的早餐吃食之一。著名的菜粽店包括友愛市場的郭家粽、西門路上的無名菜粽，以及總是擺上「賣完了」牌子的明和菜粽，想吃的話，請在早上8:30以前報到。

1-9 土魠魚羹

土魠魚是臺南常見的魚種，冬季最為肥美。臺南土魠魚羹的魚塊總是豪邁，酥炸後喀嗤喀嗤切成小塊，放在扁魚白菜熬煮的羹湯上。最推薦金華路的張土魠魚羹及保安市場外的呂記，臺南口味甜甜的，適合加點辣椒粉吃。

1-10 麵糊蛋餅

臺南光是一款簡單的蛋餅，都可在體育館周區默默形成蛋餅一級戰區，包括老字號的呂早餐店手工蛋餅、以皮蛋辣菜脯與起司薯泥蛋餅著稱的吐司吐司、五妃街好拍又美味的阿杰手工蛋餅，都不可錯過。

FOCUS 2

臺南特有吃食

臺南美食百百種，即使是長住在這裡，仍然很難全都嘗遍。除了較具代表性的臺南美食，這個篇章整理出別的地方較少見、臺南才吃得到的特有美食，方便大家把握珍貴的假期，嘗嘗臺南特有種的好滋味。

豬心冬粉/鴨腳翅

阿明豬心、阿文豬心、黃氏豬心、大胖豬心，均出自同家族，堪稱臺南小吃界最著名的家族之一。

豬心講求的是鮮嫩口感，需要長年經驗累積的真功夫。

弟弟阿明豬心位於保安路，以阿明的個人魅力，再加上位於晚餐一級戰區保安路上，成為家族中最著名的分店，當然烹煮的功夫也是了得，才能如此出名。不過論好吃度，哥哥阿文豬心也不遑多讓，地點較為低調，因此較常有座位，許多老客人常在下午時騎著摩托車到此用餐，不像阿明豬心那樣總是大排長龍。

獨門汆燙鮮嫩口感

既然名為豬心冬粉，可想而知主要販售的品項包括豬心、豬肝、腦、骨髓、鴨腸等內臟，豬心、豬肝上桌的嫩度，令人佩服不已，原來他們家有套獨到的汆燙方式，此外，刀功更是關鍵，而這就需要長年經驗累積才有的真功夫。豬心、豬肝講求的是鮮嫩口感，當然是要現場一上桌馬上吃，為了這一味，隊伍再長都要排。

還不只如此，腰子會加上麻油提味，豬腳與豬尾巴燙得肉嫩皮Q彈，再加上香辣度十足的生蒜與特製醬油，也是不吃不可的品項。敢吃腦及骨髓的朋友，建議先電話預訂，以阿文來說，常常一開賣沒多久就賣完了。

總是大排長龍的阿明豬心

位於小街道的阿文豬心，用餐氣氛較為悠閒

阿明豬心
臺南市中西區保安路 72 號
17:00 ～ 00:00，週一公休

阿文豬心
臺南市中西區大智街 92 號
12:00 ～ 20:15，週一公休

鴨腳翅膠質肉香

不過，我認為更值得一嘗的是他處難尋的鴨腳翅，所謂的鴨腳翅，是鴨腳與鴨翅加入一點點中藥材添加風味，放入小鋁罐中慢火蒸煮，煮到只要就嘴一吸，香噴噴的肉就輕鬆入口，而蒸煮過程中，膠質、骨肉香全都入這一小碗湯裡，是此道菜的精華所在，喝了嘴巴都快黏起來，將滿口醉人的香氣鎖住！

現在阿明跟阿文都慢慢放手給年輕一代接手，阿明豬心在金華路開了二號店，不想排隊可往這裡找，但當然還是保安路熱滾滾的食氣最迷人。阿文豬心的本店也由女兒接手，另一位女兒在安南區開了阿君豬心冬粉。阿文還是常在店裡跟客人開心聊天，技癢時還會下場俐落忙一番。

年輕一代都是長年跟在身旁學習，相信再過一段時日，他們也能以自己的魅力延續這個大家族傳承下來的美味。

5

❶ 看似平凡的豬腳、豬尾巴，可一點也不平凡哪／❷ 銷魂的鴨腳翅，風味太迷人，是別的地方很難吃到的好滋味／❸ 阿文的豬腦湯常開賣沒多久就賣完／❹ 嫩口的豬心，分量都不大，價位不算便宜，要有心理準備／❺ 坐定位後，店家就會為每位客人端上一小盤沾醬，可自行加辣醬，而這裡的辣醬是白綠色的，很多人會以為是醬油，記得酌量使用

老台菜宴席料理

欣欣阿塗師／阿霞／阿美

這些料理手法較為繁複的台菜，就是一般常聽到的「手路菜」。

今日的台菜可說起源於清治時期流傳於臺南的「阿舍菜」，像是鹹蛋四寶湯、白玉鳳眼、布袋雞、魯班鴨、文武過橋、豬腳魚翅等，近年府城的晶英酒店就曾辦過「府城阿舍宴」。

後來日治時期則有「酒家菜」融入。日治時代末期，臺南酒樓還流行「客人出題，師傅做菜答題」的遊戲。其中有些好菜色就這麼流傳下來，像是「文武過橋」這道菜。盤中放著一白一黑的雞肉（白切雞與滷雞），搭配當時流行的炸吐司，象徵一文一武，因文人通常較少曬到太陽，皮膚白皙，而武將則皮膚較黝黑。

手路菜料理程序繁複

國民政府帶來了中國各地的菜色，慢慢演變出新一代的酒家菜。例如戰後物資缺乏常使用進口螺肉罐頭，再加入香菇、魷魚等乾貨與蒜苗烹煮的「魷魚螺肉蒜」火鍋，以及冬菜鴨、蛤蠣鮑魚、魚翅羹、紅蟳米糕、紅糟肉、雞捲，肥豬肉加進蝦仁、豬絞肉、荸薺油炸的「金錢蝦餅」，或是將鱉肉塞進雞肚，再塞進豬肚蒸煮的「雞仔豬肚鱉」。而這些料理手法較為繁複的台菜，就是一般常聽到的「手路菜」。

老店嘗經典台菜

目前臺南的台菜最著名的包括阿霞飯店、阿美飯店、及欣欣台菜餐廳。阿塗師一開始回鄉開業，在

南煎肝是欣欣的招牌菜，先以五香粉輕醃，再過油爆炒，火候需控制得宜才炒得出剛好的嫩度

欣欣台菜餐廳
臺南市中西區民族路二段 245 號
11:00 ～ 14:00、17:30 ～ 21:00

阿美飯店
臺南市中西區民權路二段 98 號
11:00 ～ 14:00、17:30 ～ 21:00
週二公休

阿霞飯店
臺南市中西區忠義路二段 84 巷 7 號
11:00 ～ 14:00、17:00 ～ 21:00
週一公休

興濟宮對面的小店以魯麵及八寶米粉起家，後來才有了店面，並且專注於老台菜的復興，因此在欣欣仍可吃到經典的前菜拼盤、魷魚螺肉蒜、雞仔豬肚鱉、砂鍋鴨、炒鱔魚意麵、玉帶魚捲、南煎肝、金錢肉。費工的手路菜記得先預訂，像是南靖雞做工就相當繁複，整隻雞須先燙過再炸到外皮酥脆，之後再滷、蒸，上菜時雞保留全雞的樣貌，但雞肉已然入味銷魂。

此外，阿美飯店則以炭火煨煮的砂鍋鴨聞名，紅蟳米糕也跟阿霞飯店一樣是招牌菜之一。阿霞飯店一直以來都是臺南當地人招待貴賓的首選餐廳之一，能吃到不少傳統台菜。近年在南紡夢時代開設了二代店，提供一些人數少也可享用台菜的餐點，前菜推薦點烏魚子、蟳丸、豬心、軟絲、雞、粉腸組合的六色拼盤，粉腸與蟳丸口味也做得極好。

1 3 4
2 5

❶ 由府城阿舍菜慢慢演變的台菜料理／❷ 前菜推薦試試阿塗師的蟳丸，他堅持使用火燒蝦，才做得出味足的蟳丸，且不能放魚漿，蕃薯粉的比例也要拿捏得好，才能做出最佳口感／❸❹ 永華宮普渡時，府城阿舍菜全上桌，有機會記得來嘗台灣宴席大菜／❺ 新鮮鱸魚片捲上魚漿蒸蛋料理的玉帶魚捲

沙茶爐

臺南的沙茶爐源自小豪洲沙茶爐創始人陳木盛的叔叔陳豪洲，陳豪洲先生隨國民軍來台後，開始賣起家鄉的汕頭沙茶火鍋維生。

松大的芋頭丸、魚冊、魚餃很值得一試。

臺南的沙茶爐雖然從名字看起來會覺得是重口味湯頭，其實是以扁魚、蝦米、豬骨熬煮的清爽口味，因大家吃火鍋料時習慣沾佐各家特製的沙茶醬，才會名為沙茶爐。

以小豪洲來說，他們的沙茶醬是以花生粉、蒜頭與三十多種中藥調製而成的獨家口味。火鍋料中的狗母魚魚餃、魚冊都是當日現做的新鮮食材。小豪洲雖然隱身於窄小的蝸牛巷中，且已有四家店面，卻還是每天大排長龍。

扁魚乾魷魚熬煮湯頭鮮香

另推薦成功路的松大沙茶爐（安平慶平路也有分店），溫體牛肉肉質好又鮮，當然還不可錯過他們的芋頭丸、魚餃、魚冊，蛤蠣與蚵仔則新鮮肥美。

另一家廣東沙茶爐分店多，我則較習慣吃金華路二段水萍溫公園旁的分店，扁魚及乾魷魚熬煮的湯頭香味迷人，肉質同樣有一定水準，早期吃的價格非常實惠，近年萬物皆漲，不過還是可接受的價位。

廣東沙茶爐
臺南市南區金華路二段 391 號
06-62917693
11:00 ～ 00:00（少數中午營業的沙茶爐）

松大沙茶爐
臺南市中西區成功路 439 號
06-62260028
17:00 ～ 01:00，週三公休

2-4 胡椒雞

胡椒雞雖然不是臺南特有的傳統菜色，但位於臺南北區的馨味胡椒雞，其特有的湯頭口味，是別處吃不到的，讓吃過的食客默默將它納入每次回臺南必吃的名單。

馨味雞然名為薑母鴨店，但放眼望去，每桌都是點胡椒雞湯鍋，也算是相當有趣的一點。這胡椒雞為何能如此有魅力呢？主要是使用的雞肉，是特定農場合作的優質雞，湯頭則是下手完全不手軟的巨量蒜頭與辛香味十足的胡椒熬煮，但整體口感卻是相當清爽，讓人單是喝湯就滿足了～

用心挑選火鍋配料

吃胡椒雞湯，可別真只喝湯而已，因為這裡的火鍋料還包括特製的美味鴨肉貢丸、下水、真材實料的米血糕，麻油麵線也是不吃可惜的配菜！較多人共享的話，還可點三杯雞、麻油炸雞等料理。

馨味胡椒雞的營業時間也相當特別，整個夏天休業，盛夏過後才開始營業，讓充滿蒜香胡椒味的熱湯，陪大家溫暖度過冷冷的冬與涼涼的春秋。

鴨肉貢丸、米血、下水都是很推薦的火鍋料。

馨味薑母鴨
臺南市北區北安路一段 66 號
06-62815342
16:00 ～ 23:30

鱔魚意麵

一般鱔魚意麵店都是傍晚才開賣，像是最著名的阿江，幾乎都是傍晚一開店就大排長龍，而在不遠處的海安路二哥炒鱔魚，則是阿江的二哥開的，老顧客不想排隊，通常會跑來這裡吃，坐在路邊露天座椅，悠閒看老闆從容炒鱔魚的身手，現由女兒接手。

據傳臺南的炒鱔魚是由沙卡里巴市場內的「鱔魚廖」廖炳南開始的，小兒子阿源師原本在新美街開了阿源炒鱔魚意麵，後來遷至成功路，著名的阿江炒鱔魚意麵也是出自阿源師門下。

鱔魚Q彈香氣十足

臺南鱔魚意麵的麵條，是為了便於保存而油炸過的雞蛋麵，也是鍋燒意麵的炸意麵，除了保有蛋香氣外，麵體較為膨鬆易吸收湯汁的美味。料理方式則為乾炒或勾芡兩種（乾或羹湯），由於乾炒的食材較多，通常會較貴一些。個人偏好乾炒鱔魚意麵，香氣較足。

各家料理的差異主要在於酸甜度，這就看個人喜好了，我比較喜歡二哥炒鱔魚意麵的調味，若想嘗道地的臺南甜，可以到眼鏡仔鱔魚意麵試試。當然，最重要的是火候的控制，控制得宜才能炒出最迷人的鑊香氣與Q彈度，府堂、品味、南興這方面的功夫也了得。此外，有些店也賣鱔魚湯，阿源炒鱔魚意麵就是鱔魚湯的創始者。

不敢吃鱔魚者，可點炒花枝意麵，同樣有乾炒與勾芡兩種選擇。

二哥炒鱔魚意麵
臺南市北區海安路三段 33 之 3 號
16:30 ～ 00:30，週二公休

阿源鱔魚店
台南市中西區成功路 399 號
17:30 ～ 半夜

阿江炒鱔魚意麵
臺南市中西區民族路三段 89 號
17:00 ～ 00:00，週一公休

意麵

除了鍋燒意麵這種炸過的意麵外，臺南還有明鄭時期福州伙頭兵製的鹽水意麵，以及汕頭做法的汕頭意麵。

加韭菜、拌豬油是汕頭意麵的特點。

臺南的汕頭意麵幾乎都師從劉家汕頭意麵的第一代店主劉木城。祖籍汕頭的劉木城來台後，開始以家鄉的製麵方式製麵，後來府城人稱之為「汕頭麵」，麵條以全雞蛋和麵粉，煮熟後佐自製的豬油，放上薄肉片及汕頭意麵特有的韭菜。劉家至今仍保有古早味，所在地點也非常有趣，隱藏於神農街的大樓廊道間，由民權路進來，沿著高掛的紅燈籠走就會找到意麵店。

意麵拌醬香氣撲鼻

宵夜攤的民生路無名意麵與西門路的大菜市包子王，也都是每到用餐時間高朋滿座的商號，成功路的阿娥意麵則是一家低調，但口味一直都做得很有水準的意麵店，肉燥與滷味口感乾淨。此外新美街的恭仔意麵（老恭意麵），也是相當用心料理的七十年老字號，這家的招牌水餃是我最愛的臺南水餃，豬肝湯、米血、燙韭菜也都是很推薦的小菜。國民路的國棟麵店，看似平凡無奇的乾麵，將底下的佐醬拌勻後，撲鼻而來的炸豬皮香，讓人一口接一口！

阿娥意麵
臺南市中西區成功路 283-1 號
11:00 ～ 23:00，週三公休

劉家汕頭意麵
臺南市中西區民權路三段 184 號之 1 號
10:30 ～ 19:30，週日公休

恭仔肉燥意麵
臺南市中西區新美街 32 號
11:00 ～ 22:00，週六、日、一公休

國棟麵店
臺南市南區國民路 14 號
05:30 ～ 22:30，週日公休

大菜市包子王
臺南市中西區西門路一段 468 號
11:00 ～ 20:30

2-7

夏家魚麵／魚冊／魚餃

狗母魚細長多刺，適合打漿做成魚丸、魚鬆，而臺南卓家魚麵，還進一步將狗母魚做成魚麵，百分之百魚肉製成的麵條，煮熟後放上一點肉末，再加些紫菜、胡椒調味。另還建議點碗魚丸、魚餃、魚冊湯。同樣是狗母魚製品。魚冊是另一種府城特色美食，魚漿包著絞肉及芹菜，形似書冊而得其名。雖然卓家魚麵改賣鍋燒意麵，所幸美術館二館附近還有卓家女兒開的夏家魚麵，仍可吃到這道臺南特有種。

臺南市中西區府前路一段 353 號
12:00 ～ 20:00

2-8

施家虱目魚水餃

虱目魚料理百百種，但要用於水餃餡料，還是得在產地，魚肉夠鮮，才能呈現出最佳風味。施家老闆對於食材把關嚴格，因此他們的虱目魚水餃總是特別鮮甜。除了水餃外，這裡的虱目魚炒飯，炒得粒粒分明、香噴噴。

臺南市中西區海安路二段 330 巷 31 號
10:00 ～ 14:00、17:00 ～ 19:00，週日公休

2-9

蝦仁飯

臺南蝦仁飯是先將蔥、蒜、蝦頭爆香後，加入昆布柴魚熬煮湯汁，蝦另以蔥蒜拌炒，放入熬煮好的高湯與白飯，推薦加點半熟鴨蛋，劃開讓蛋黃融入蝦仁飯，最是美味。

最知名的蝦仁飯為矮仔城與徒弟開的集品，兩家口味差不多，不過矮仔城的品項多，涼拌豬肝的蒜香味太棒。成功路的好地方蝦仁肉絲飯，深受在地人喜愛，推薦好地方自家灌製香腸，使用五香調味再以炭火慢烤。

矮仔成蝦仁飯
臺南市中西區海安路一段 66 號
08:30 ～ 19:30，週二公休

好地方蝦仁肉絲飯
臺南市中西區成功路 377 號
06:30 ～ 13:00，週日、一公休

2-10

小卷米粉

以粗鹽處理過，口感更脆的小卷，放入大鍋煮，與粗米粉一起呈上桌，是一道鮮美的府城海味料理。葉家的湯頭以各種蔬果熬煮，湯頭清香；安平孫家的湯頭是每天熬煮三小時而成的，鮮味十足。

葉家小卷米粉
臺南市中西區國華街二段 142 號
08:30 ～ 15:30，週一公休

孫家小卷米粉
臺南市安平區安平路 97-3 號
10:30 ～ 20:00，週三公休

FOCUS 3

臺南踅菜市：精選攤家

菜市場總是最能體驗當地生活文化之處，府城幾座百年老市場，仍有許多傳承多年的老攤位，而一些小市場雖不如百年市場名氣大，同樣有著不同的魅力與美食值得探索。

大菜市（西門市場）

臺南的大菜市建於 1905 年日治時期，位於當時城牆西側的魚塭區，因此稱為「西門市場」。

有人潮當然就有許多小吃攤，好吃不能錯過。

市場建築採老虎窗的馬薩式屋頂，入口處上方為圓山牆設計，再搭配前廣場的圓環綠地，為全台最華麗的市場。然而市場剛完工不久，卻因颱風吹毀再度重建，1920 年重建完成的市場，是當時全台最大的公有市場，在地人稱為「大菜市」。東翼為魚、肉販賣店，北翼為蔬果、雜貨區。後來又為了活絡「臺南銀座」末廣町「銀座通」（今中正路），還增設了「淺草商場」，主要為日常雜貨販售。

採買人潮造就小吃攤林立

當時許多餐廳、攤販一早都會到此批買食材，有人潮當然就有許多小吃攤，像是江水號八寶冰，即從日治時代傳承至今，臺南各處也看得到打著大菜市名號的商家，多是後來分散到各處開店的攤商，像是大菜市包子王、大菜市無名羊肉湯等。

市場內的福榮意麵（阿瑞意麵）現已傳承至第四代，以手工製作的意麵聞名，意麵製作選用優質麵粉與鴨蛋，完全不加水揉製而成。用心的料理，客人自然吃得出來。而隔壁的江水號，名稱取自第一代創始人黃江水，第二代為黃火木，臺南另一家著名八寶冰店黃火木，是第三代的哥哥開的，弟弟則主理大菜市的江水號。臺南知名的八寶冰店配料均講求自家手工製作，看似簡單的紅豆、薏仁、蓮子、芋頭，

西門市場
臺南市中西區西門路二段 177 號
08:00 ～ 20:00

都是經過一定的工序仔細做成，就連淋在清冰上的甜湯，各家也都有自己的特色。

舊市場整修以新貌迎客

後來西門市場慢慢轉為大布市、材料商區，與台北迪化街、彰化小西街並列為台灣三大布市。現在仍是許多臺南人買布及手作材料的主要地點。然而，民國55年的那場大火，讓西市場（西門市場）元氣大傷，再加上後來西市場主體南側的香蕉倉庫（後為農會的青果市場）所用，移至他處後，逐漸荒廢，直到2017年市政府開始重新整修，2022年已陸續開放整修後的空間，未來將以老市場新姿態迎客。

這次的整修有點像以前的情況，各攤商開始散至各處開店，像是熱門的純薏仁、杏本善，雖然都從大菜市發跡，現在也都有了新據點。2022年，原本在大菜市的商家轉移至附近另一個據點，等待大菜市完工整修後再決定最後落腳處。

1 3
2 4

❶❷ 重新修復完成的大菜市／
❸❹ 布市屋頂仍為木造建築結構

鴨母寮市場

臺南百年市場之一，推薦隱藏於市場一角的炭火麵店。

位於成功路的鴨母寮市場，創立於西元 1918 年，與水仙宮市場、東市場並列為臺南三大百年市場。

這區原本有條大水溝流經，溝旁多為養鴨人家而得其名。據記載鴨母寮市場應由三老爺宮前的攤商，慢慢發展成市，日治時期稱為「明治分市場」，之後曾改名為「光復市場」，後來依當地居民之意回復原名。鴨母寮市場為兩層樓建築，傳統攤商位於一樓，現在二樓改由全聯超市進駐，算是現代與傳統融合的有趣市場。

充滿迷人庶民生活風味

鴨母寮市場有種迷人的庶民魅力，與水仙宮市場、東市場的氛圍略微不同。一樓市場同樣出了眾多名攤，像是許多遊客到臺南必買的松村滷味，阿婆布丁，另還大推隱藏於市場一角的炭火麵店。

要走進炭火麵攤，得先經過一整排的海鮮攤，走到快盡頭處，循著炭燒味轉進一條小小的通道，入內立即一掃陰暗市場的印象。挑高的天頂、悠悠轉著的吊扇，光線由上方開口灑入，頓時有種來到洞穴裡吃飯的感覺。這炭火麵還有個骯髒麵的別稱，因為湯麵主要為炭火料理，灰煙難免掉落，才有這個名稱。麵食是加了肉燥的陽春麵，分乾麵與湯麵兩種，肉燥夾雜著迷人的炭香味，肥肉的部分比一般傳統肉燥飯少許多，只留Q彈口感與瘦肉的肉香，加上大量的細切蔬菜，整體味道很和諧。另還可加餛飩或丸子，再點杯古早味紅茶。

鴨母寮市場
臺南市北區成功路 148 號
04:00 ～ 13:00、週三 07:00 ～ 13:00，週一公休
散策路線 鴨母寮市場周區

品嘗各樣特色麵食

穿過販賣區，經過松村滷味，往面向成功路的熟食區走，首先會看到當歸鴨1號，當歸湯的口味很棒，鴨血也好吃。再往前是以滷味及乾麵聞名的茂爸的店，斜前方則是三津製麵素食麵攤。三津雖然是近年才進駐的新攤家，但麵食的口味非常特別，例如首推的羅勒皮蛋麵疙瘩，喜歡皮蛋跟羅勒味的，吃過肯定會念念不忘，以傳統手工製法做成的麵食，口感扎實，麵香味又好。另還有三椒沙茶拌麵、濃郁胡麻拌麵、酸辣青醬冷麵等，雖是素食料理，味道一點也不輸葷食。

鴨母寮市場內仍可看到老中藥行，外圍攤商還包括老花店、香氣十足的關廟鳳梨攤。由於這區是府城最早發展的商圈之一，巷弄仍保留許多老房舍，老街小巷內的手艸漢方生活館、水天茶館、自強老街都很值得走逛。

❶ 穿過這個通道，即可進入完全不同氛圍的用餐區／❷ 帶著煙燻味的滷鴨翅、雞腳、百頁、杏鮑菇都十分美味／❸ 三津製麵的皮蛋羅勒麵疙瘩／❹ 帶著迷人炭香氣的炭火麵

東市場

號稱臺南貴婦市場的東市場，設立於民國前3年，為臺南百年市場之一，位於府城重要的城隍廟與嶽帝廟旁，當時廟口為乞丐的聚集地，因此又有「夭鬼埕」之稱。

市場外的姚記煎包口味很不錯。

為何稱為貴婦市場？並不是因為市場裝潢特別高級，而是因為大部分攤家對於商品的品質要求高，像是京發肉舖，絞肉就提供了粉蒸肉、蔭瓜蒸肉、虱目魚肉丸、花枝鮮肉丸、香煎肉餅、青蒜香腸、鮮切辣椒香腸、塔香羅勒香腸等口味的鮮肉製品，而且從分切、清潔、醃製，完全都是自家親手包辦，做出顧客信賴也喜愛的產品。

貴婦市場賣物質精

東市場內高手雲集，另外還有吳媽媽自然農法蔬果、富真青菜、蘇家鱔魚、阿美山海產、提供檸檬水讓顧客洗手的阿蘭海產、燒烤肉片著稱的鄭記肉棧、不添加防腐劑的劉記煙燻魯味、日治時代開業至今的美玉炸物等等。

走逛時，還可買杯頭髮總是吹得美美的阿粉姨古早味鮮奶紅茶，或者來捲阿真春捲（冬天有綠色的菠菜春捲皮、夏天則有火龍果製的粉紅色春捲皮）、鄭記黑珍珠玉米，再坐下來吃碗月霞古早味麻醬麵。就連服飾攤也極有格調，讓有錢媽媽也忍不住在市場添購行頭，貴婦市場之名其來有自。

東市場
臺南市中西區青年路 164 巷 26 號
06:00 ～ 13:30
散策路線 東市場周區

康樂市場（沙卡里巴市場）

沙卡里巴的名稱源自日文發音「盛り場」sakariba，意思是人潮聚集的熱鬧場所，戰後改名為「康樂市場」。

1910 年代這區還是魚塭地，隨著 1926 年臺南運河的開通，末廣町、新町商圈興起，並將田町銀座通尾段規畫為娛樂區域，躍升為古早時代最熱鬧的夜店區。於是魚塭填為平地，攤販慢慢集結成市，夏夜在此舉辦納涼大會，並有歌舞團、江湖賣藝等娛樂活動。可惜市場大多為木造建築，曾發生過好幾次火災，後來小北夜市崛起，商圈慢慢轉移，再加上 1993 年海安路地下街工程計畫，市場也拆掉一部分。種種原因讓這座熱鬧的市集，榮景不再。

著名小吃「棺材板」就是源自市場內的赤嵌食堂。

特色臺南小吃起源地

現在看沙卡里巴，雖有種時代輪轉的蕭條氣息，但這裡可曾是許多外地遊客小時候對臺南的印象。原因無他，市場內臺南特色小吃雲集，著名的棺材板就是源自市場內的「赤嵌食堂」，自日治時代一直營業至今。

我認為沙卡里巴至今仍是非常棒的美食區，市場內有非常值得一嘗的阿財點心，這裡的香腸熟肉、涼菜最具臺南味。隔壁就是曾登上國宴的榮盛米糕，早上則是在地人最愛的基明飯桌菜，近年還開設了一家海產無比豐盛的冠津海產粥，只營業週五、六、日，每到吃飯時間必排隊（營業資訊請關注其臉書）。

康樂市場
臺南市中西區友愛街 206 巷 6 號
10:00 ～ 18:00

3-5

水仙宮市場

府城最大的市場之一，食材、小吃選擇多。

水仙宮市場自西元 1918 年日治時期，正式設立西市場永樂町分市場，由於市場內有座水仙宮，一般稱為水仙宮市場。

百年市場裡的美食肯定不少，像是水仙宮側面的麵條王海產麵，豬肝肉末花枝等海產，豐盛又平價！每天都有許多客人排隊，抵達時記得先拿號碼牌等候叫號。

百年餅舖保留傳統糕餅作法

海產麵隔壁是百年餅舖寶來香，古早味肉餅、黑糖椪餅與綠豆椪都香氣十足，另還有傳統糕餅，如蒜味酥餅「沙西餅」、古早味涼糕與鳳片糕，以及府城人冬至必吃的節慶限定菜粿。再過去就是傳承至第三代的鴻宏行南北貨店，各種臺南美食需要的食材，像是沙茶爐及白菜滷不可缺的扁魚，另還有不同產地、特色各異的香菇、火燒蝦等乾貨，想料理出正統台菜味道，來這裡採辦就對了。

韓家油飯則販售料好實在的油飯、三色蛋、芋粿等小點。阿娟魚餃魚丸攤，能買到美味的手工魚冊、魚餃、芋頭丸。冬季的時候，市場中許多海鮮攤還會推出季節限定烏魚子，現烤、現切真空包裝，應有盡有。市場後側面對宮後街的三兄弟魚湯，則有香噴噴的乾煎魚骨這道特殊料理，也推薦西瓜綿鮮魚湯，店內鮮魚都是當天現捕的。

水仙宮市場
臺南市中西區海安路二段 230 號
06:00 ～ 13:30
散策路線 水仙宮、普濟街周區

3-6

永樂市場二樓

散發電影場景風格的市場。

位於早午餐一級戰區國華街與民族路口的永樂市場，曾是專賣各種贓貨的「賊仔市」，目前的建築樣貌，是民國50年重建的，但因市場經營不善，後來改為民居及倉庫。

現今的永樂市場，雖因鄰近聚集不少知名小吃的國華街，常讓人忽略它的存在，但近年永樂市場神祕的二樓其實相當有趣。

感受王家衛電影氛圍場景

第一次上樓是為了找秘氏咖啡，穿過堆滿機車零件的騎樓，走上破破爛爛的樓梯，沒想到樓上各家門口還曬著衣服，竟有許多住民，甚至還有宮廟。昏暗的廊道與住宅的老木門，滿滿王家衛電影氣息，太酷了。

原本一般人不會走上來的二樓，在秘氏咖啡進駐後，沿襲老理髮廳精神的香蘭男子電棒燙，帶著鮮明的紅字白底「純」招牌加入，後來又有了酒吧、古著店、紅茶店，洞穴般入口的雀色喫茶，甚至還曾辦過與這裡的氣氛非常契合的魔法市集。

若想了解這些住宅的結構，走進秘氏咖啡就有機會窺一二了。秘氏咖啡的臺南分店，充分抓到永樂市場二樓的氛圍，有著小閣樓的迷你空間，散發著老香港氣息，雖然咖啡價格堪稱是台北價，但品質也確實很好。

秘氏咖啡
臺南市中西區國華街三段 123-160 號
永樂市場 2 樓（豆花店後面的樓梯上樓）
14:00 ～ 22:00，週三、四公休

香蘭男子電棒燙
臺南市中西區國華街三段 123-193 號
北棟 2 樓 193 室（蚵嗲樓上）
週五、六、日 13:30 ～ 18:00

散策路線 水仙宮、普濟街周區

3-7 友愛街市場

美術館二館附近的友愛街市場，原本位於現今的忠烈祠位址，後改遷至此。近年除了白天的傳統市場外，週五、六、日還進駐了些新攤販，包括著名的泡麵店、燉飯、立食、珠珠 Tapas 及屋企港式甜湯店，讓這座傳統市場的週末夜轉為熱鬧的深夜食堂。

臺南市中西區友愛街 117 號
18:00 ～ 23:30

散策路線 美術館二館周區

3-8 安平市場

位於安平老街尾端的安平市場，市場外此起彼落的攤販叫賣聲，充滿市場的活力，室內則貼心地將味道較重的海鮮肉攤全設在二樓，一樓為蔬果熟食區，夏天還有冷氣，傳統菜市場也可以吃逛得很舒適。一樓美食推薦許家芋粿、陳家清蒸蝦仁肉圓、蔡家愛玉冰及隔壁超鮮美的海鮮粥與鍋燒意麵店，逛完市場還可到平生路與安平路口的安平當歸鴨吃碗鴨肉飯與當歸湯。

臺南市安平區效忠街 20-7 號
06:00 ～ 13:00，週一公休

散策路線 安平老街、漁光島

3-9 灣裡市場

南區隔壁的灣裡市場，雖然只是一般庶民採買蔬果的小市場，但這裡的陳記善化牛肉湯、平價到嚇人的肉燥飯、市場外的肉粿，都很值得過來吃一回。之後還可順道到萬年殿欣賞府城畫師蔡草如繪製、雕刻師父張木成共同創作的石板畫，門神則是以罕見的純金泥與青金尼播金技術打造而成。

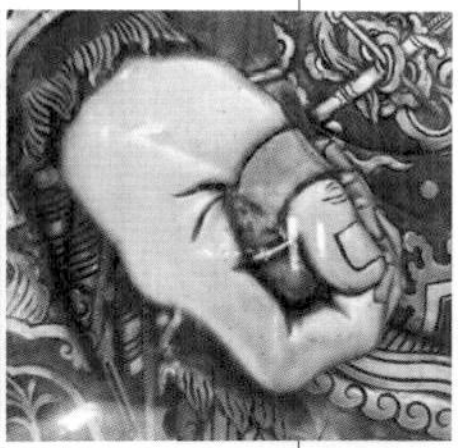

臺南市南區灣裡路 211 巷 9-1 號
05:00 ～ 13:00，週一公休

3-10 新化果菜市場

位於丘陵與平原交界的新化地區，舊名「大目降」，自早便是繁榮的集運地。近年在新化郊區建造全新果菜市場，並請來在荷蘭成功打造出觀光市場 Markthal 市集廣場的荷蘭建築團隊 MVRDV 設計，完成一座以波浪型梯田綠地覆蓋的現代市場，並兼備污水與垃圾處理場，引進最新拍賣設備，號稱「全國最美市場」。

照片提供：臺南市政府農業局

臺南市新化區信義路 17 之 6 號

FOCUS 4

翹腳捻鬚　亭仔腳納涼式

既然來到「徵咖」都市，當然要享盡介於鄉下生活與都市便利的所有愜意 Style！例如夜晚涼風徐徐吹來時，就到廟埕吃頓香噴噴的燒烤大餐、飯後到水果店吃水果切盤、午後到各處的亭仔腳翹腳納涼吃冰喝涼～

馬公廟葉家燒烤

來臺南，當然要到廟埕吃飯，馬公廟的葉家燒烤是我個人以及來訪臺南的朋友們，一直以來的心頭好。單是炸花枝這一盤，就可以讓朋友每回到臺南必報到，邊吃邊念著：這要來個兩盤！

必點：炸花枝、炸杏鮑菇、烤雞腿、烤蛤蠣、烤魚。

葉家燒烤是家沒有招牌、也沒有菜單，燈光昏黃、店面陽春，而且攤位上的菜從來沒擺好過，客人就開始點菜，讓老闆忙得不可開交的燒烤店。老闆一手包辦所有料理，又烤、又炸的，女兒與女婿負責備料及外場服務。

掌握火侯呈現最佳風味

葉家燒烤的料理工序特別仔細，第二代老闆自年輕就跟在爸爸身邊學做菜，該怎麼料理各道菜餚，絕不馬虎，像是必點的烤雞腿，是從生肉開始小火慢烤，在烤的過程中，依廚師三、四十年的經驗，持續變換火候，才能烤出外酥內嫩的好口感；炸花枝選的是等級較好的深海魷魚，家傳的炸工與香得像蝦餅的裹粉，讓人吃過念念不忘；烤蛤蠣則是大火烤，每顆蛤蠣都是又大又肥美多汁，另還有炸魚卵、炸銀魚、季節菜涼筍，都是很棒的前菜；烤魚則推午仔魚，肉質最為細嫩，烤排骨也是外酥內嫩，哎哎哎，幾乎每道菜都好吃，甚至炸杏鮑菇都推薦；簡單的肉絲炒意麵看似陽春，味道卻拿捏得好極，就愛那股醬油味與微妙的鑊香氣。

烤物之所以能如此美味，主要在於葉家仍堅持使用炭火烤，高溫鎖住甜美的肉汁，又能將外皮烤得酥脆，雖然費時，卻能呈出僅以鹽巴調味，就能令人念念不忘的菜餚。

馬公廟葉家燒烤
臺南市中西區開山路 130 號 -1 號
18:00 ～ 23:00
散策路線 孔廟、美術館一館周區

廟埕享受悠閒吃燒烤

餐點之外，在廟埕吃飯，可以隨意蹺腳捻鬍鬚，大聲聊天喝酒，小孩坐不住還可以在廣場跑跑跳跳，這樣的自在，才是最臺南的用餐方式。當然，讓人想一訪再訪的主要原因是老闆一家人做人殷實誠懇，難怪能做出這樣美味的料理！

建議一開店就過來就定位，因為大部分料理比較費時，且提早過來還可以在馬公廟關門前進廟參拜，順便欣賞潘麗水大師繪製了近半世紀的二十四節氣廟門。他所描繪的人物總是特別靈秀，近年剛整修過，原本的廟門現在已退神，廟內可看到原版的複製畫，牆上的白蛇傳也是潘麗水的作品。

夏季最愛點炸魚卵與涼筍

❶ 到臺南當然要在廟埕吹涼風、喝啤酒、開心聊聊吃吃，有時還會遇上精采廟會／❷ 蛤蜊品質穩定，嘗起來肥美多汁／❸ 烤午仔魚的肉質細嫩又香／❹ 吃過會念念不忘的炸花枝

各家水果店強項比一比

臺南專屬的飯後續攤處。

在臺南，跟朋友吃過晚餐後的續攤地方通常不是酒吧，而是老派的水果店。

無論是莉莉、清吉、裕成、義成、或泰成水果店，都營業到蠻晚的，讓人吃飽飯後，可悠閒晃到這家或那家店的亭仔腳，找個喜歡的位置繼續聊。除了水果店外，臺南還有性質微妙的冰果室，冰果室常開在學校附近，鍋燒意麵、烤土司等林林總總，鹹、甜、西式、中式菜色都會出現在菜單上。

各家挑選水果功夫獨到

臺南之所以有這麼多水果店，可追溯到日治時代，當時的人們認為吃水果有助消化，飯後總喜歡全家大小到水果店吃盤水果切盤或鮮果汁，這樣的飲食習慣一直傳承至今。臺南各家水果店，都有自己獨到的選水果功夫，其中以創立於1947年、經營水果批發起家的莉莉水果最為專精。莉莉水果店的名字取自長女莉莉之名，因她在美軍俱樂部工作，而有機會取得果汁機，這才開創了臺南賣果汁的特別文化。

臺南水果店最重視的是季節分明，夏天吃芒果、秋天哈密瓜及白柚，冬季才有草莓。不知道要吃什麼，那就來盤綜合水果盤，在大部分水果店，只要告訴老闆要幾人份的水果就好。或者來盤南部特色水果切盤——番茄切盤，沾薑、糖、醬油調成的醬汁。

水果盤、刨冰、果汁，多樣吃法

如果莉莉水果店客人太多，那推薦不遠處的清吉水果店，許多在地居民會騎著摩托車過來吃盤水果再上工。推薦點杯鮮果汁，清吉有幾

莉莉水果店
臺南市中西區府前路一段 199 號
11:00 ～ 22:00，週一公休

清吉水果店
臺南市中西區府前路一段 294 號
11:00 ～ 00:00，週日公休

散策路線 美術館二館周區

款自家研發的果汁，並取了相當有趣的名稱，而且這裡的果汁還是裝在古早味十足的玻璃杯。點剉冰的話，無論是水果剉冰或紅豆牛奶剉冰，都推薦加顆傳統布丁。

裕成的剉冰也有其獨到之處，清冰底下還藏了獨家特製的水蜜桃乾，剉冰專用，不賣的，所以在裕成吃冰時，總會嘗到一點清雅的水蜜桃香氣。裕成水果店甚至營業到凌晨一點，常出現越晚客人越多的奇妙景況，這也是臺南特有的飲食文化。

距離裕成不遠處的冰鄉，是府城最熱門的冰店之一，無論是夏季的芒果冰或冬季的草莓冰，常被吃到缺貨。而正興街的泰成，則最推薦哈密瓜水果冰，哈密瓜切半成盅，上面放著一球球真材實料的水果小冰球，價格雖不低，但也確實好吃。哪天來臺南，吃過飯後也晃到一家水果店坐坐吧，體驗這臺南專屬的悠閒雅座，保證比在酒吧喝酒還放鬆。

❶ 在地人習慣到清吉吃盤水果再上工，冬季限定的草莓冰，當然要加顆布丁／❷ 人多還可以到夢幻蜜拉吃會冒煙的草莓冰或芒果冰／❸ 莉莉水果店的青芒果剉冰最消暑了／❹ 水果冰豐盛又大碗

裕成水果店
臺南市中西區民生路一段 122 號
12:00 ～ 01:00，週一公休

太陽牌冰品

開店逾一甲子的老冰店，是許多在地人吃了幾十年的老冰店，「太陽牌」店名的由來相當有趣。

一開始取名為「新涼涼冰果室」，希望客人吃冰後覺得心涼脾肚開，後來改名為看到太陽就想到來吃冰的「太陽牌冰品」。這樣率直的一家店，讓許多府城人真的看到太陽，就跑來吃碗冰或買些芋仔冰、枝仔冰消暑。

牛奶霜口感綿細香濃

太陽牌的紅豆牛奶霜及草湖芋仔冰，應該算是最能黏住客人的兩項產品。太陽牌冰品一開始做的主要為芋仔冰批發，因口感特別好，周區許多小販會特地過來批貨。

現在雖然不再以批發為主，草湖芋仔冰仍然是太陽牌的人氣商品，共推出芋頭、花生、牛奶、紅豆、鳳梨、百香果、酸梅等口味，一份可選五種不同口味，是來訪太陽牌不嘗可惜的冰品。而歷久不衰的紅豆牛奶霜，是第一代老闆娘研發的，首將牛奶打發凍成冰，讓口感特別綿細香濃，冬季還推薦草莓牛奶霜。

芋仔冰是來訪太陽牌不嘗可惜的冰品。

太陽牌冰品
臺南市中西區民權路一段 41 號
10:00 ～ 21:30
散策路線 東市場周區

4-4

純薏仁

記得隨手帶上一杯一保堂抹茶薏仁漿與紅薏仁茶。

原本在大菜市場內的純薏仁，以老闆的名字命名，也代表著純薏仁食材與味道的純粹。

大菜市開始整修後搬遷至友愛街旅館斜前方一棟古色古香的小透天。友愛街旅館前的車道較為寬敞，再加上市場後面有個小公園，整個小區感覺有點像義大利常見的小廣場，帶著一種溫馨感的悠閒，讓人忍不住想入座純薏仁，來碗熬得綿滑的薏仁湯。

搭配白玉抹茶，風味提升

純薏仁的品項中，最推薦白玉抹茶紅豆薏仁，帶著柴香氣的紅豆，加入味道純粹的薏仁，真是口味最為平衡的絕佳組合，另再加入Q彈白玉與一保堂現刷抹茶，風味再提升一個層次。夏天還推薦冰淇淋薏仁，綿滑的明治冰淇淋與薏仁、抹茶凍、蜜紅豆同樣結合得很好。而一保堂抹茶薏仁漿與紅薏仁茶，則是兩款可快速外帶又解渴的飲品，經過時總忍不住要帶上一杯。

純薏仁隔壁的隔壁，就是在二二八事件中，拯救了無數臺南菁英的湯德章律師故居，呈現湯律師的生前事蹟，吃完純薏仁推薦過去瞭解一下湯律師令人敬佩的一生。

純薏仁
臺南市中西區友愛街 115 巷 7 號
11:00 ～ 17:00，週六、日 11:00 ～ 18:00
散策路線 美術館二館周區

睿咖啡
Barista Ray Coffee

美術館二館對面的迷你咖啡館，老闆雖然很年輕，但已取得 SCAA 國際咖啡師認證，專心精研咖啡多年，尤其是義式拉花技術，曾獲得拉花冠軍的殊榮。

帶著花香的山茶花咖啡

睿咖啡一開始在國華街以攤車的方式營業，慢慢打開知名度累積客源後，在美術館二館對面有了個小清新的實體店鋪，以平實的價格提供香濃咖啡，讓人每回在附近走逛時就會想著，到睿咖啡喝杯咖啡、歇歇腳吧！

睿咖啡必喝：台味特調咖啡。

創意台味特調咖啡

睿咖啡店面超迷你，內部坐個兩、三位客人就滿座了，騎樓還擺放了兩張桌子。特別推薦睿咖啡的主要原因，是這裡有一款好台、好好喝的芭樂咖啡，融合了芭樂汁、檸檬汁、又帶點梅子粉的冰咖啡，口味調得恰到好處，大熱天咬著咖啡裡的小碎冰，真是爽口，太適合臺南這個一年有三百天都是大晴天的城市！

不過來拉花冠軍的咖啡館，當然也要點杯熱拿鐵，讓老闆大展身手，看能獲得怎樣有趣的拉花作品。另外也推薦水蜜桃咖啡與山茶花咖啡，山茶花咖啡其實應該是「三茶花」，加了花茶與冬瓜糖等三種食材調和而成，帶著花香的特調咖啡。

內用杯的芭樂咖啡比外帶杯美

睿咖啡
臺南市中西區友愛街 22 號
10:00 ～ 18:00，週一公休
永樂市場一樓設有二號店

散策路線 美術館二館周區

鹽埕北極殿矮桌吃臭豆腐

臺南南區的鹽埕區是較少遊客會到訪的區域，假日總喜歡晃到這區。人潮少，這區又好像自成一個村落，不管孔廟、美術館、或海安路有什麼大活動，排隊排多長，這裡的居民依然自在過著小日子。

記得先拿號碼牌，接著找座位等候叫號點餐。

週五一到，全家大小騎著摩托車到廟埕前吃小吃。這裡有家著名的臭豆腐攤，每週四、五、六、日下午矮桌擺滿廟埕，連帶幾家不同的小吃形成一個美食圈，斜對面還有家咖啡品質優的「和平咖」。來這裡只要選一張喜歡的矮桌坐定後，想吃什麼到各家點餐。廟旁的白雪社區活動中心，永遠熱熱鬧鬧辦著些小活動，這樣的氛圍實在迷人。

閒情遊晃嘗小吃

若不是週末也沒關係，「亞治」乾麵微辣的蒜頭香太迷人，下午推薦對面的 141 炭烤，而鹽埕路與新和東路口的關東煮餐車，當地人時常是摩托車一靠，點自己喜歡的關東煮，再配碗大碗又鮮甜的骨肉湯，多麼令人滿足的下午茶點！

亦或到旁邊的老建築鹽埕出張所欣賞典雅的老日式建築，享用古蹟內的「白雪珈琲店」讓人吃了上癮的日式咖喱飯。晚餐則可到鹽埕圖書館斜對面的「原眼鏡鱔魚意麵」，嘗嘗臺南甜意麵，或者到「是吉祥精緻火鍋館」享用臺南沙茶爐。

鹽埕北極殿臭豆腐
臺南市南區鹽埕路 150 號
週四、五、六、日 15:30 ～ 19:30
先取號碼牌，叫號點餐

4-7

閒情茗品屋

因《想見你》這部戲而更加熱門的閒情鍋燒意麵，在鹽埕區已開業多年，是許多人從學生時代吃到現在的老店鋪。位於鹽埕小區，有著綠意盎然的戶外區，就是多了點閒情。早上或中午可過來吃烤土司、古早味鍋燒意麵，下午來吃個小點心。

臺南市南區金華路二段 57 巷 97 號
06:30 ～ 18:00，週日 06:30 ～ 14:00

4-8

隨隨東南亞主題小店

氛圍鬆鬆的路邊小店，有時想跟朋友坐下來隨意聊聊天、吹涼風，就會過來點杯臺南很少見的越式蛋咖啡，這是一種加了雞蛋的咖啡，像提拉米蘇的概念，或者越南阿提蘇熱茶，也就是朝鮮薊茶。菜單上另還有榴蓮冰淇淋、香蕉煎餅、印尼炒泡麵等東南亞小吃。

臺南市中西區青年路 48 號
12:00 ～ 20:00，週一公休

4-9

京典酵素臭豆腐

京典臭豆腐是夜市起家的酵素臭豆腐，與一般傳統臭豆腐的口味與口感完全不同，有點像是吃鹽酥雞般的香、酥、脆！安平五期開了店面，涼涼的午後或晚上，很適合坐在外面的露天雅座，享受這款吃過就會愛上的好味道。

臺南市安平區健康三街 190 號
15:30 ～ 22:30，週一公休

4-10

護境松王麵店

熱鬧的國華街與友愛街後面小巷，有兩棵百年來互相扶持、成長的夫妻樹，樹下就是護境松王廟，而即使在這樣的迷你小廟，仍可以套用廟口就有美味小吃的準則。這家麵店的蒜頭麵線、乾意麵、滷味，都是吃宵夜的好選擇。

臺南市中西區友愛街 201 巷 9 號
17:00 ～ 23:00

FOCUS 5

臺南享受午後 點心時光

每次下午在小吃店看各位阿伯們騎著歐兜邁停在小吃店門口，跟熟悉的老闆點自己習慣吃的小食，再滿足離開，都會覺得這是隨處皆小吃的城市，特有的幸福享受。

阿財點心

府城人常吃的下午茶，是攤位上隨便都十多種掏心掏肺的香腸熟肉小點。

蟹圓是南部香腸熟肉的必備品，但沒有螃蟹的成分。

香腸熟肉攤的粉腸、香腸是必備，而之所以稱為「熟肉」，因為攤位上還有許多燙熟的豬心、豬肺、豬舌、豬耳朵、豬腸等等內臟、越來越少見的豬肺糕，以及燙熟後冰鎮的涼菜，另還有較特別的蟹圓（蟳丸），與增加飽食感的糯米腸、米血。由於所有食材幾乎都只是燙熟，所以好吃的祕訣無他，就是食材新鮮，以及料理前仔細清理的工序，看似簡單的食攤，卻要耗費極大的心力在備料上。

真材實料手工製作小點

沙卡里巴市場裡的詹家阿財點心，第一代的創始人詹蕃薯，原本做外燴，後來跟朋友學做香腸熟肉，開始挑著扁擔沿街販售。第二代改以手攤車的方式，開始在民生路的開山宮附近定點販售，後來輾轉租下沙卡里巴的攤位，一直傳承至目前的第四代、第五代，雖後來沙卡里巴因火災、海安路地下街工程等因素沒落，阿財點心仍堅守市場的小攤位。

詹家堅持自家手工製作各種小點，食材講求真材實料，更為人稱道的是，因鄰攤榮盛米糕賣湯，阿財點心為了不跟鄰居搶生意，就連一般香腸熟肉店最常見的椪風豆湯也不賣。

炸小肚、炸大腸滋味難忘

阿財點心攤位雖小，選項可是非常多，糯米腸、三色蛋、米血、花枝、鯊魚皮這些香腸熟肉攤常見的品項，一樣也不少，另還有涼筍、苦瓜、菜頭等涼菜。此外，最為推薦包蔥酥炸的大腸頭，外皮炸得酥脆不油膩，香氣十足，讓人吃過念

阿財點心
臺南市中西區友愛街 206 巷 6 號
10:30 ～ 18:00

清子香腸熟肉
臺南市中西區民族路二段 248 號
11:00 ～ 19:00

念不忘，而炸小肚更是Q彈有勁。

蝦捲也推薦，仍採用傳統的豆腐皮包沒泡過水的火燒蝦酥炸，而不是豬腹膜，蝦吃來也特別鮮甜。粉腸與香腸的口味是自家調製的，擁有獨家風味。此外，蟹圓是另一款南部香腸熟肉的必備品之一，也是相當費工的一項小點。雖然名為蟹圓，但並沒有螃蟹的成分，主要為蝦仁、鴨蛋及荸薺蒸煮而成，顏色有點像蟹卵。香腸熟肉的最佳佐料是黃芥末、醬油膏與蒜泥調和而成的醬料，尤其是吃各式熟肉與蟹圓時，沾上這醬更增添風味。

此外，赤嵌樓附近的清子香腸熟肉，也是功夫扎實的香腸熟肉店，特別推薦以傳統方式做的粉腸與豬肺糕。西和路上的廟口香腸熟肉，是許多在地人過來喝啤酒配香腸熟肉，主旨是聊天的攤位。

1 2 3 4

❶ 自日治時代傳承至今的阿財點心／❷ 阿財點心香噴噴的的大腸頭與Q彈有勁的炸小肚／❸ 豬肺糕相當費工，須將豬肺清理乾淨後，塞入蕃薯粉再煮熟，越來越少人做了／❹ 蝦仁、鴨蛋及荸薺蒸煮而成的蟹圓

廟口香腸熟肉
西和路、和善路口
17:00～23:00，週一公休

5-2

擔仔麵

簡單的湯麵，細節卻都不馬虎才能成就一碗好麵。

以前臺南有位名為洪芋頭的船夫，在風神廟附近的渡頭以擺渡維生，小月時本業生意清淡，就暫以賣麵維生，因此稱為「度小月」。

後來渡頭河砂淤積不能行船後，洪芋頭專心賣麵，在水仙宮前擺了固定攤位。後代子孫也在不同的地方開業，最著名的「度小月擔仔麵」，也是洪系子孫，現在已發展為全台最知名的擔仔麵店，中正路的旗艦店餐廳化，裝潢用心，成為府城人宴請來訪客人吃飯的體面選擇之一，將府城一些知名的小吃，像是煎虱目魚肚、蝦捲等，改以較精緻的方式呈上桌。

火燒蝦提出獨特香氣

臺南擔仔麵的麵條是油麵，放進竹篩後，置入蝦頭與蝦殼熬煮的高湯或大骨湯滾煮。度小月的湯就是蝦湯，一般會加上一匙蒜泥壓腥味，小公園擔仔麵則是大骨湯。麵煮好拿起時，店家習慣大力切甩，瀝乾湯汁再放入碗裡，接著小勺舀起千年鐵滷鍋的肉燥澆在麵上，最後還要放上香菜及仔細去腸泥的火燒蝦，有些人習慣加滷蛋或滷丸。

看似簡單的一碗麵，湯頭甘甜簡單，每次喝第一口湯時，就覺得好幸福，有次出國較久，在高鐵上就想著到臺南要先吃碗擔仔麵壓壓胃。

由於擔仔麵出自水仙宮前攤位，附近的西門圓環一帶，自然成為臺南擔仔麵的主要聚集地點，以前第三代開立的洪芋頭擔仔麵也在附近

小公園擔仔麵
臺南市中西區西門路二段 321 號
16:20 ～ 22:00，週三公休
散策路線 赤崁樓周區

（已歇業），赤嵌樓周區還有幾家擔仔麵選擇，西門圓環另一側的臺南擔仔麵，開到凌晨三點，想要吃到六千牛肉湯，凌晨三、四點就要去排隊拿號碼牌的人，可以先來這邊吃碗擔仔麵，排隊不怕餓肚子。

擔仔麵搭滷味滿足一餐

我常報到的是西門圓環上的小公園擔仔麵。之所以稱為小公園是因為還未有圓環之前，這區是座小綠園，園內總有許多人聚集在此聊天納涼，現在雖然不再有公園，但高大的綠樹上仍停滿忙碌的鳥兒，吱吱叫個不停。

小公園擔仔麵緊鄰寶美樓，下午四點多紅燈籠一亮開始營業，老客人陸續入座。老闆坐在傳統的矮凳上煮麵，所有的食材、工具都在轉身即可觸及之處。這裡的擔仔麵除了一般的油麵外，還有意麵、粿條、米粉，可選擇湯麵或乾麵，再點些滷味搭配著吃。若點乾麵，也推薦加點一碗骨肉湯。

1

❶ 庶民小吃——小公園擔仔麵

八寶冰

臺南一年適合吃冰的日子大概有三百天吧，北部朋友冬季來訪，聽到老闆問要冰的、還是熱的，常會愣住，心想冬天也吃冰嗎？

別處少見的杏仁粿

臺南的冬季即使晚上有點涼，但白天大部分還是可以回到27～30度，走路微冒汗的程度，這時當然就想吃碗八寶冰。臺南的八寶冰最著名的有日治時代傳承至今的江水號、黃水木，還有國華路與金華路的八寶彬圓仔惠。

自家現煮配料熬糖水

這幾家的八寶冰料都是當日自家現煮，以圓仔惠來講，最推薦的包括他處較少見的杏仁粿（一般都是杏仁露），以及口感扎實的芋頭，既然名為圓仔惠，這裡的湯圓當然很有水準，他們製作湯圓時，也會順便做少量的手工麻糬，就擺在櫃台上，是項有緣才買得到的商品。

不遠處的老店龍興冰品，各種八寶冰的料也都是當日現煮。黃火木的芋頭也香，不過是芋頭泥，各有各的擁護者，而且刨冰淋的還是芋頭水，吃冰時不時會飄來淡淡的芋頭香，單是吃清冰都開心。黃火木在市區有好幾家分店，最愛海安路的店面，晚上吃完二哥炒鱔魚意麵後，走個幾步路就可以坐在悠閒的路邊座位區吃冰或米糕粥。

配料豐富，口感好又美味。

八寶彬圓仔惠
臺南市中西區國華街二段 99 號
09:00 ～ 22:00
散策路線 神農街、信義老街區

5-4

蝦仁肉丸

小而軟Q，沾哇沙米最對味。

臺南的肉丸與彰化的油炸式肉丸不同，是炊蒸而成的蝦仁肉圓，小而軟Q，一份通常有3顆。雖然是台式蝦仁肉圓，醬料卻是哇沙米，試過就知道兩者有多搭！

臺南最著名的蝦仁肉圓應該是保安路的茂雄蝦仁肉圓，葉茂雄是第二代，據傳臺南蝦仁肉圓的創始者，就是第一代的葉華堂先生。此外，靠近東市場的蘇．建國蝦仁肉圓也是代表之一。蘇家蝦仁肉圓與茂雄同樣出自沙卡里巴市場，也有人說第一代創始人蘇松是蝦仁肉圓的創始者，可惜的是這家老店也於2022年宣告歇業，不過還是可到蘇家第三代外孫女開設的友誠蝦仁肉圓，品嘗一下蘇家蝦仁肉丸的老味道。

搭哇沙米或蒜泥沾醬香濃

茂雄蝦仁肉圓的價位較高，不過仍遵古法製作，使用陳放一段時間的再來米磨成的米漿製成，陳舊的米相對較乾，黏性與口感更好。再來米磨成米漿，加點地瓜粉後，倒入圓錐形模組，放上處理好的蝦與高湯熬煮的肉餡，再送進蒸籠蒸煮。臺南的蝦仁肉圓皮薄而Q，又散發著蝦仁提味的香氣。茂雄的另一個特點是沾醬，特別使用絞碎的新鮮蝦仁與地瓜粉慢火熬煮，這沾醬不論與哇沙米或蒜泥一起食用，味道都特別香濃。

茂雄蝦仁肉圓
臺南市中西區保安路 46 號
09:30 ～ 21:00，賣完收攤

友誠蝦仁肉圓
臺南市中西區開山路 118 號
09:45 ～ 19:30

散策路線 保安路／東市場周區

蔥肉餅

下午經過運河邊或西門路時，總忍不住買塊鄭記蔥肉餅解饞。這蔥肉餅有多迷人呢？首先麵皮發得好，半煎炸的外皮酥脆，裡面還包著滿滿的蔥與肉，熱呼呼一口咬下，幸福感爆表！

運河邊悠閒吃餅

鄭記蔥肉餅一開始是在永福路與中正路口擺攤，後來在永福路與府前路開了店面，近年又搬到西門路，府前路運河邊還開了二號店。到鄭記蔥肉餅買餅之外，還可以欣賞員工們各司其職的俐落料理功夫，等待的過程也是一種享受。周區人車較少的二號店開了之後，更喜歡光顧這家，隔壁還有自家開設的飲料店，剛好可搭配蔥肉餅。天氣好時可以看著運河的悠悠流水大口吃餅，吃完後慢慢晃到附近的和樂廣場或烏邦圖書店。

另一家可以與鄭記蔥肉餅媲美的應該是夏林路蔥油餅，雖然內餡與做法不同，不怕客人吃的蔥量與酥脆的炸蛋，怎麼可能不排隊！

外皮酥脆內餡香。

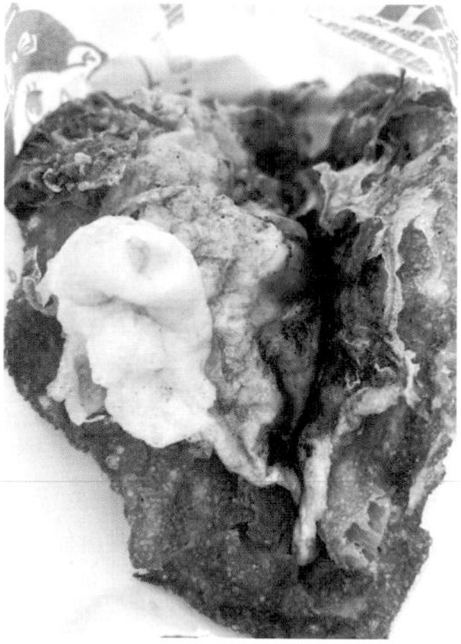

鄭記蔥肉餅
臺南市中西區西門路一段 769 號
13:00 ～ 19:00，週日公休

環河街分店
臺南市中西區府前路二段 240-4 號環河街上
09:00 ～ 19:00，週日公休

夏林路蔥油餅
臺南市南區大德街 175 號
14:00 ～ 18:15，週一公休

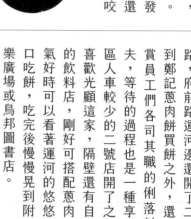

水晶餃

筍丁、豬肉內餡香氣迷人、口感清爽。

清光緒開業至今的祿記包子與清同治時期的萬川號餅舖，算是府城最著名的兩家水晶餃商號，水晶餃的外皮以地瓜粉製作，相當Q彈。

水仙宮的老店吉慶行，除了水晶餃與肉包，另也賣臺南冬至慣吃的菜粿。一般冬至習俗是吃湯圓，府城人還習慣吃菜粿配湯圓，因為菜粿有點像元寶，象徵財源滾滾。

水晶餃口感Q彈餡香

包仔祿的水晶餃，內餡主要是筍丁與味道十足的豬肉餡，吃來相當清爽。推薦祿記的另一個原因是，這家的包子使用老麵製作，且以炭火烘蒸，一定要先預訂，否則要買到也難。且店址位於清幽的清水寺斜對面，這條老街下面仍是溪流，老街兩旁還保留一排老木造建築，由於祿記有固定出爐時間，當地人總是時間一到，便騎著車來購買。

萬川號的水晶餃，則是包豆薯與豬肉餡，口味偏臺南甜。萬川號的名字來源也相當有趣，來自福建的陳源兄弟落腳臺南永康後，挑著扁擔進城賣包子，直到清同治十年才在民權路、青年路口買下現址，當時取名為萬順號，後來兄弟分家後，取「順」的半邊，改名為萬川號。萬川號的手工包子至今仍是店內的招牌，麵粉天然發酵，真材實料，除了肉餡、香菇外，還有傳統包子才有的蛋黃。

祿記包子
臺南市中西區開山路 3 巷 27 號
08:00 ～ 17:30

萬川號餅舖
臺南市中西區民權路一段 205 號
08:00 ～ 22:00，週一公休

散策路線 孔廟、美術館一館周區

5-7 莊子土豆仁米糕粥

府城冬季限定的桂圓米糕粥，甜滋滋的米粥加上米酒，有種奇妙的好味道，黃火木的口味做得很棒。金華路的龍興冰果室、八寶彬圓仔惠、海安路與民生路口傳承三代的莊子土豆仁，冬季也賣米糕粥，這家老店的土豆仁湯軟又香，相當推薦。

臺南市中西區民生路二段 86 號
14:00 ～ 22:00，週二公休

5-8 林家白糖粿

糯米糰搓成條狀後油炸，再灑上白糖或芝麻粉，熱熱QQ的口感，真令人喜愛。友愛街的林家白糖粿最為純粹，對面的游爸爸白糖粿則較多選擇。白糖粿攤通常還會賣芋頭餅及蕃薯椪。蕃薯椪是將蒸過的蕃薯搗成泥後，加入米磨成的粉搓成小圓，接著壓扁包上花生粉與紅糖，再入鍋酥炸。一口咬下時，熱呼呼的內餡爆出，讓人直呼過癮。

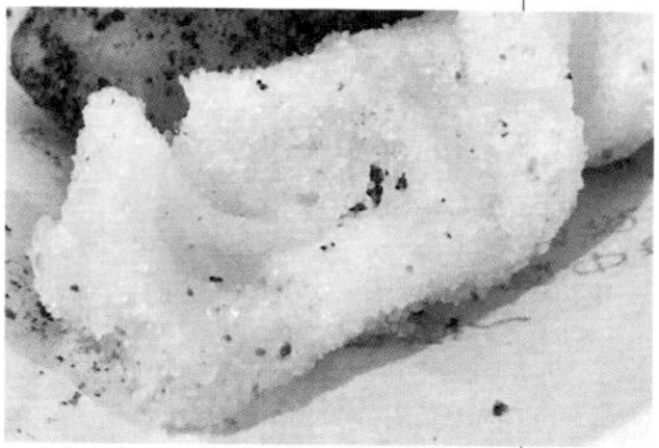

臺南市中西區友愛街 213 號之 2 號
11:30 ～ 19:30

5-9 浮水魚羹

臺南浮水魚羹也是下午有時想到會跑去吃一碗的小食。虱目魚切塊之後，放入旗魚與虱目魚混合的魚漿，滾煮後浮上水面而得其名。一口咬下爆出魚肉與魚肚結合的迷人香氣，再搭微微辣口的薑絲與些微臺南甜的魚骨熬煮羹湯，風味迷人。

阿鳳浮水魚羹
臺南市中西區保安路 59 號
07:00 ～ 00:00

葉鳳浮水魚羹
臺南市中西區保安路 81 號
08:30 ～ 22:00

5-10 仙仁嫩仙草

燒仙草雖然不是臺南特色食物，但對於吃特別講究的臺南，出了一位仙草狂人，他花了兩年的時間，全台跑透透尋找最棒的仙草，做出大人味的仙草口味，甘苦味剛剛好，草香氣也極迷人。紅豆、芋圓、地瓜圓、粉粿等加料也是自家製作，尤其推薦仙草粉粿。

臺南市安平區華平路 713 號
12:00 ～ 21:00

FOCUS 6

臺南伴手禮

吃完臺南美食、享受過臺南的美好後，總想帶點可一再回味旅途美好的伴手禮回家。臺南的特產兼具傳統與新創的選擇，好吃、好玩、又實用，且常緊扣著在地文化特色。

連得堂煎餅

簡單樸實的雞蛋口味，越嚼越香。

連得堂煎餅位於崇安街，臺南府城最古老的街道之一，原名為坑仔街，因清朝時許多總爺兵住在這條街上，因此改名為總爺街。

臺南好玩之處在於，你可能只是想來買點臺南伴手禮，卻會踏上一條美麗的老街道，在超過一甲子的老屋裡，看到職人認真壓著一個又一個手工製作的古早味餅乾，來買連得堂煎餅就會有這樣的體驗。

味噌口味鹹甜交融

崇安街至今仍是一條迷人的小街巷，轉進老街，常會看到老鄰居坐在門口聊天，靠近店鋪就會聞到滿室的餅香。老鋪現賣的煎餅共有味噌與雞蛋兩種口味，由於是手工製作量少，每人限購兩包。另還有三種需先預訂的口味：花生、芝麻、海苔。簡單樸實的雞蛋口味屬於越嚼越香的硬餅乾，麵粉、味噌與糖調和而成的味噌口味，口感較為酥脆，鹹甜交融的味道也相當迷人。

詢問第四代傳人連得堂是如何開始從事煎餅這個行業的，他回答道，其實當初就只是為了生活。日治時期第一代創辦人蔡清連、蔡清得兄弟，向日本師傅學習煎餅製作後，哥哥負責在家製餅，弟弟挑餅外出販售，兄弟聯手，因此這家餅舖以兩人的名字命名。

早期的煎餅以爐火製作，直到50多年前才訂製目前使用的瓦斯爐火煎餅機，但仍需要人工抬舉著沈重的煎盤製作。大戰結束後，大批美軍來台協防，當時還特地在煎餅烙上英文店名Leng Tih Tong，煎餅至今仍可看到這樣的烙印。然而西式糕餅的興起，老餅店一度宣告暫時歇業，直到後來在傳統文化復興的推動之下，才又逐漸為人所知，也慢慢成為遊客到臺南必訪的伴手禮店。

連得堂煎餅
臺南市北區崇安街 54 號
08:00 ～ 20:00
散策路線 鴨母寮市場周區

傳統涼糕、黑糖椪餅

而位於全美戲院旁的舊永瑞珍餅舖，同樣是府城的百年老餅舖，創立於1917年，是臺南人嫁女兒最體面的大餅選擇。除了喜餅之外，也提供許多以古法製作的綠豆椪、月餅、滷肉餅，另還推薦傳統涼糕，麵體吃來涼涼的，內包爽口的紅豆沙。

自強街上的舊來發餅舖，則源自清光緒年間，一剛開始是販賣糖果餅乾的「生春糖舖」，第二代接手後，改為糕餅專賣店，並將店號改為「來發餅舖」。到了第三代遇上二戰暫停營業，戰後重啟爐火才發現「來發」的名號已為別人使用，店名因而改為「舊來發」。黑糖椪餅每天3點多開賣，通常會在半小時內銷售一空，冬至會賣的菜粿更是許多在地人的首選。

有趣的是，這條街上新開的店面，也跟餅有關，像是再往前走一些就是牆面爬滿植物的木溪，賣的是英式鬆餅司康。

❶ 現場可購買雞蛋、味噌口味，每人限購兩包／❷ 每個煎餅都是人工抬舉著重重的煎盤製成的／❸ 老餅舖店常有老鄰居在此聊天，下午接小孩回家時，也會路過買個兩包／❹ 舊來發餅舖

振發茶行

擁有 160 年歷史的的手工包裝茶。

位於民權路的振發茶行，是臺南最早註冊的茶行，第一代創始人嚴朱，先是在水仙宮後面的宮後街開設「盛發錢莊」，錢莊因故倒閉後，改為專賣福建武夷山茶葉的「振發茶行」，重新振作發奮圖強，生意逐漸好轉，進而搬到民權路現址。

特色手工棉紙包裝

1860 年開業至今的振發茶行，以前店裡總可看到第四代傳人嚴燦城阿公坐鎮，現在則大部分是第六代的孫子在店裡接待客人，年紀雖輕，從溫和的言談之間，可感受到他對於茶葉的瞭解與熱情，以及做生意最重要的誠信，這也是阿公一向持守的生意之道：「信義招財以為記」。就像茶行一直以來不提供客人試茶的傳統，因為茶行本著誠信經營，自家商品的品質有「保證」，不好、品質不穩定的商品，不會出現在振發的店裡。

在了解振發茶行的資料時，我看到第五代傳人嚴鴻鈞本身是牙醫，在父親過世後，他曾說道：「父親給我很多，我回饋得很少」，因此決定和音樂家太太，接下茶行生意。並繼續前人傳統，堅持以手工棉紙包裝，再以牛骨刻章印上店名。雖然這樣的手工包裝茶不如密包封裝的保存效果好，但除了這

振發茶行
臺南市中西區民權路一段 137 號
10:00 ～ 18:30
散策路線 東市場周區

是振發的招牌之外，也是上一代人「喝多少、包多少、勿浪費」的惜物心態。

精選台灣優質茶葉

振發老茶行裡，還擺放著一排排古老的老「錫板茶桶」，茶通常是以地點來標名的，振發主賣的是福建武夷山的茶葉，因此老茶罐上寫的就是武夷山周邊的36座山名，這些茶罐可說是茶行歷史的見證。

據說一開始營業時，為了買這些茶罐，還得分期付款，才得以買足茶罐。太平洋戰爭避難時，茶罐也全搬上牛車一起到歸仁避難去，顛簸路上難免有所碰撞，當時留下的凹痕就跟著老店一直留存至今。

現在振發茶行還精選了許多台灣茶，他們會將其中一些品質較為穩定的茶種，特別做成方便攜帶飲用的茶包，像是茉莉香片、烏龍熟茶等，若茶葉供應穩定的話，也會有青茶。

1 2

❶ 記載著茶行歷史的老茶罐／❷ 手工包茶的方式，傳承了上一代人「喝多少、包多少、勿浪費」的惜物心態

透南風咖啡聚場

結合麵包坊、選物店與咖啡館的文青聚點。

位於友愛街小巷裡的透南風咖啡，是社區營造出身的團隊，在九二一大地震與八八風災後，有感於舊臺南縣許多區域資源較少，而有了成立透南風的想法，以自己的方式來關注在地文化、社區營造，找回一些即將消逝的民俗文化。

透南風也常與市府共同舉辦導覽活動，包括漢方草藥、紡織文化等有趣的主題導覽，每年臺南新藝展期間，也會舉辦導覽活動與工作坊，串連起各具特色的私人藝廊。更投注心力在自己的基地友愛街商圈，與在地商家、居民，激盪出五年後、十年後的街區願景，讓人期待透南風式的新型態社區營造。

販售職人手作藝術品

他們還用心出版透南風雜誌，深入介紹隱藏在大臺南山區、偏鄉需要關注的議題與民間高手，包括各種以傳統工序做的特產、手工藝術品，而他們後來選擇在市區開咖啡館，也是希望能有一個展售空間，讓更多人知道這些質優又溫暖的特色產品，店內選物包括以傳統茄芷袋發想的零錢包、細緻的藺草編織品、優雅的草編杯套、獨立創作者的手工藝術品等。一樓的商品區同時也是蒂頭製作所的麵包坊，每天三點麵包出爐時，總有許多老客人過來買優質食材製作的麵包。

透南風咖啡聚場
臺南市中西區永福路二段 35 巷 6 號
11:00 ～ 19:00，週一、二、三公休
散策路線 美術館二館周區

烏魚子／臺南農會

野生烏魚子現烤、現切、現吃，最鮮。

每年冬天烏魚子產季，臺南各大市場裡的攤位，幾乎都多了烏魚子這個品項。有機會到七股的青鯤鯓，就會看到路邊一排排烏魚子躺著做日光浴！

豪華F4炒飯

市場攤家販售未烤或已經烤好的烏魚子，也可以現場選烏魚子，請店家現烤、現切、封裝。安平的吉利號烏魚子八十多年來，堅持選用野生烏魚子，經日曬陰乾、古法手工製程，烏魚子的層次更豐富。此外，安平市場外的丸奇號烏魚子，品質也很值得信賴。

另外特別推薦許多人的學生時代回憶，佳佳餐飲屋，除了冰飲、鍋燒意麵之外，還有烏魚子炒飯或烏魚子、黑牛、大蝦、干貝的豪華F4炒飯。

特色柚花系列製品

在臺南農會超市可買到各鄉鎮農特產。近年麻豆還創立了一家精品級的農會超市，內部裝潢媲美百貨公司，除了臺南地區的特產，還提供小農上架，推薦麻豆農會用心研發的柚花沐浴乳、洗髮乳、洗手乳，使用的材料與香氣調得非常淡雅，很值得一試。另還與南投茶廠合作生產帶著柚花香氣的茶，三月柚花開時，也會在麻豆舉辦柚花藝術節。此外，善化西港的麻油全台數一數二的，農會超市也可買到當地出產的優質麻油，西港還有一家以麻油雞聞名的穀倉餐廳。

丸奇號烏魚子
臺南市安平區平生路 67 號
07:00 ～ 18:00

臺南農會超市
臺南市東區林森路一段 341 號
09:00 ～ 21:30

吉利號烏魚子
臺南市安平區安平路 500 巷 12 號
10:00 ～ 20:30

臺南麻豆區農會新生超市
臺南市麻豆區新生北路 56 號
08:00 ～ 20:00

佳佳餐飲屋
臺南市中西區健康路一段 410 巷 35 號
11:00 ～ 15:00、16:30 ～ 20:30
週六公休

散策路線 成功大學周區

人氣好評伴手禮 Column

民俗文創商品

臺南文化局太有才，以媽祖、鄭成功、月老這些最具代表性的傳統文化，推出各種零嘴、啤酒，具臺南特色，還帶著令人看了莞爾一笑的巧趣。

錦源興

老布店重新出發，以具臺南特色的烏魚子、花瓷磚、四大匾額題字、藍白拖、黃花風鈴木、珍珠奶茶為圖案，巧心設計出布製產品與相關文創商品。

林百貨

以林百貨的商標與穿著可愛制服的服務人員為圖案設計的商品，如鳳梨酥禮盒、面膜、書包、抱枕套、貼紙、杯墊等。

蝦餅

安平街上滿滿蝦餅店，其中最推薦度老命與蝦到爆蝦餅，難得吃蝦餅當然要吃夠味的傳統油炸蝦餅，口味較清淡者，則可選擇氣爆蝦餅。

布丁

各大老冰品店使用的多是銀波古早味布丁，而安平只賣一種口味的方蘭川布丁也相當推薦，另還有南門路的福吉亞，奶茶口味與羊奶口味都很棒。

葡吉麵包

臺南經濟奇蹟，數十年來每天羅宋麵包出爐時，總是大排長龍。另一個招牌為奶露麵包，冰冰的吃別有一番風味，中午出爐的蘿蔔酥餅，口感香酥。

椪餅

外皮酥脆的空心餅，單吃外，傳統坐月子會在椪餅加上麻油蛋食用。克林台包推出多彩的椪餅組。

漢方茶包

中藥世家出身的手艸漢方茶飲，推出不同效用的漢方茶包，包裝設計也相當有特色。

帆布包

合成帆布包除了書包、側背包外，也有面紙包、飲料提袋等，做工扎實，是實用的小伴手禮。

名坂奇

最著名的為夏威夷豆蛋塔，華麗歐風的店內還有多種小西點，價格平實，推薦無花果口味小糕點。

大港香草膏

大港社區以天然草本原料製作的實用香草膏，與味道迷人的室內香氛包、防蚊液。

60+ Tea Shop

府城超優質冠軍茶飲，當地喝完還要外帶回家才行。揣茶也是另一家優質台灣茶飲店。

chapter 2 顛覆．臺南式

臺南迷人之處在於傳統，

而各式顛覆傳統的新奇古怪，

卻讓人忍不住想一來再來！

FOCUS 7

綠植栽療癒所

充滿綠植栽的環境，總能讓人自然放鬆，臺南有不少擺放著各種綠植栽的咖啡館、冰店、植所，甚至鍋燒意麵店也綠意盎然。

小北家灶咖

選用好食材，是一種對家的堅持。

位於普濟殿旁的小小白色獨棟老屋，是一棟七十年歷史的老建築改成的早午餐餐廳，推開做舊大鐵門，仿如走進叢林裡用餐，也太夢幻了！

老闆小北希望營造出一般人可能因各種生活考量，較無法如願做到的沈浸式綠植用餐環境，他們也真的做到了，小北家已然成為一處想置身於夢幻森林好好用餐的首選。

挑選優質食材入菜

小北家之所以能在臺南早午餐如此受歡迎，除了植感用餐環境外，食材用心選擇，料理更是不嫌麻煩，專心做出健康又美味的餐點來。單從菜單即可看出這點，每道餐點都仔細介紹了餐點特色，對小北來講，「選用好食材，是一種對家的堅持」。

小北家的主菜選項只有五種，有些是老闆自己健身時覺得這樣吃很健康的餐點，有些則是中秋烤肉時，不禁讚嘆自家媽媽的調味如此有特色，決定再加以研發，推出來跟大家分享的好味道。食材幾乎均採用有機或小農產品，就連最基本的油，都是選擇相當優質的橄欖油。每道料理的工序絕不馬虎，像雞腿是經多個小時醃製後慢火烤製，就連簡單的醬料，都是當天新鮮現做，整個套

小北家灶咖
臺南市中西區郡緯街 68 號
09:00 ～ 16:30，週三、四公休
散策路線 水仙宮、普濟殿周區

餐哪個部分需要呈現出清爽的口感、哪些則要做到飽滿的味足，都調理得剛剛好。

價位親民回客率高

如此用心與敏銳的料理，價格又是佛心地讓大部分人都消費得起，因為對於這位曾是國語文老師的主理人來說，分享的快樂遠比賺錢重要太多了。難怪能快速成為臺南早午餐熱門店，這裡可不只是一家網美店！

再者，因小北家無法預約，所以幾乎每天店外都是排隊人潮，貼心的一點是，登記後可先到別處逛逛再回來，候位時的服務與點餐說明也相當親切，即使需要排隊，還是讓人每隔一段時間就想再來吃一次。

❶ 食材盡量使用有機、小農產品／❷❹ 森林系用餐環境，太舒心／❸ 菜單選項雖不多，但每道菜都是新鮮現做，味道調理恰到好處，價位又相當合理

7-2

小島飲刨與漫步巷弄民宿

清邁感的隱蔽森林系刨冰店。

安平老街小小巷內的小島飲刨，隱蔽於綠樹老屋中，有種巷弄尋幽，仿如來到隔世離島的感覺。

小島飲刨的創始店位於「漫步巷弄民宿」一樓，這迷人的環境是漫步巷弄民宿主人自己以各種回收木料修築出度假感十足的住宿環境，再加上主理人對於植栽的搭配極具敏感性，總是開得無法無天的九重葛、扶桑花，再搭上高大的綠樹與小角落的綠植栽，打造出一處生機盎然的有機天地，充滿了歡愉的生命力，讓人一踏進門，要不放鬆都難哪！晚上可入住漫步巷弄，享受森林系住宿環境。

森林系環境吃冰享清涼

小島飲刨的主理人原來是一位秀氣的女生，到澳洲打工度假回台後，開始有了各種的新想法，積聚一段時間後，決定放手一博，以自己的方式開店，並選定較能發揮創意的日式冰品為主打商品，在臺南找店面時，剛好透過朋友得知漫步巷弄民宿一樓空間有意做更多元的運用，雙方一拍即合，讓更多人有機會走進來享受這難得的小綠園。

冰品設計創意有特色

小島飲刨的冰品發想相當有趣，當初主理人想像在一個小島可能會有怎樣的元素，像是綠樹、椰子等來創造出目前主打的冰品，

冰品視覺頗有創意：安平夕陽景色

小島飲刨
臺南市中西區和平街 43 號
12:00 ～ 17:00，週二、三、四公休

漫步巷弄
臺南市安平區運河路
13 巷 3 弄 6 號

散策路線 安平老街、漁光島

另外她認為一家店開在一個地方，要這個地方好，店也才會跟著好，因此她希望能藉由自己的微薄力量來推廣所在的區域，像是可愛的臺南椪餅、章成餅乾，甚至將安平最美的夕陽風景均融入冰品中，只能說：太有才！

主理人對於食材的敏感度高，以椪餅來講，底部其實是最好吃的部分，頂部則圓圓的很可愛，因此她會花時間細心將椪餅打成兩部分，底部捏碎融入冰品中，方便食用，頂部則放在冰品最上方，讓冰品呈盤更惹人喜愛。冬天限定的烤糰子都是自己手工揉製而成的，各種食材的準備都用足了心。她特別提到，當初決定創業時，不但先到兩家冰店學習，還特別將準備時間拉長到6個月，讓自己做好充足的預備後再開店，也難怪一開店旋即成為臺南最受歡迎的冰店之一。小島後來搬遷至和平街，在另一處新規畫的老屋中賣創意冰品。

1

❶ 漫步巷弄營造清邁感的隱蔽森林系空間

瓦拉米鍋燒意麵

每次沿著小徑走進瓦拉米，都誤以為自己來到了泰國清邁。

佈滿植栽的祕境餐廳，賣的竟是鍋燒意麵。

瓦拉米的所在位置相當有趣，雖然位於晚餐一級戰區保安路旁的小巷內，但餐廳前有道之前的老屋留下的斑駁老牆，將美麗的兩層樓老屋隱藏在後，所以即使經過一百次，可能還是沒注意到這牆後面有家餐廳，絕對登得上臺南的祕境美食餐廳。

彷彿置身雨林中用餐

主理人 Hank 愛好大自然，瓦拉米 Walami 布農族語的意思是「跟著來，一起來」，日語則近似「蕨類」的發音。Hank 將自己種植的各種超大雨林植物，掛在經歲月洗禮的老牆、放在老木桌上，再加上原本已然優雅的老屋與清幽的小庭院，沿著小徑走進這處祕境，除了讚嘆，又還能如何呢？店面除了以植栽裝潢得像在雨林中用餐外，同時又巧心地以 Hank 自己收藏的台灣老物、家具融入其中，創造出這個既泰又台的美麗空間，更遑論瓦拉米主打的餐點，還是最具臺南道地特色的鍋燒意麵！

瓦拉米的鍋燒意麵雖然比一般鍋燒意麵貴一些，但用料實在又澎拜，極具廚藝天份的老闆還推出香氣十足的乾式鍋燒意麵，尤其推薦酸辣口味。常不定期呈出創新口味，像是法式料理常見的松露，也與傳統鍋燒意麵對上味。

瓦拉米鍋燒意麵
臺南市中西區大德街 11-1 號
11:00 ～ 14:00、18:00 ～ 22:00
散策路線 保安路

7-4

植感大叔的日常

推薦炸魚綠咖哩與酸辣麵。

上臺南的餐館，似乎已經慢慢習慣了這家、那家、還有我家巷口那家老闆的任性開店時間，因為許多店家就像植感大叔，移居臺南主要是希望過生活，而不是賺錢。

植感大叔結束原本忙碌的工作移居臺南後，找到這棟雖位處於市中心，但又相當安靜的小巷老宅。專注在鹿角蕨與各種觀葉植物種植的同時，也自己慢慢整理這棟老屋。前面的部分仿如植栽老件藝廊，往後走，則好像走進任意門，不用翻山越嶺就可來到一處幽靜的叢林中。

植栽環境中嘗泰菜

老屋整理完成後，開始與餐飲結合，呈出自己在泰國學到的道地泰式餐點，讓來訪客人既可欣賞屋內的老物件、美麗植栽，又可在這絕美空間中品嘗美味餐點。這裡的泰式餐點香料放得足，無論是酸辣麵或炸魚綠咖哩，口味層次豐富外，就連魚都炸得相當酥、香、嫩。

不過大叔只營業週六、日、一，需透過臉書預訂，有時還會休比寒暑假還長的長假，且座位不多，能接待的客人有限，又是一家看緣分的餐館。不過，若撲空了也沒關係，因為餐廳所在的南寧街83巷太有趣了，聚集了喃寧古著衣、Stable Nice咖啡、原印臺南等小店，已是臺南著名的巷弄。

植感大叔的日常
臺南市中西區南寧街 83 巷 30 號
週六、日、一 12:00 ～ 15:00，17:30 ～ 21:00
需透過臉書私訊預訂

散策路線 臺南大學、五妃廟周區

蕨的想買就買／小鹿家麵包店

擁有大量蕨類與熱門觀葉植物的植栽店。

臺南最大的安南區果菜花卉批發市場不遠處，有座蕨類、空氣鳳梨、觀葉植物專門的大園子，幾乎各種時下流行的網紅植物，這裡都找得到。因此位置雖然較偏，但還是有許多植友會特地過來找植物。

雨林溫室中賣特色烘焙

老闆一開始只是單純喜歡分享自己種植的各種鹿角蕨品種與照顧方式，後來慢慢開始整理出這片溫室綠園，除了大量的鹿角蕨品種，還有空氣鳳梨、觀葉植物、盆器、上板木塊、樹皮，也不定時舉辦上板課程，讓植友們 DIY 綁出自己的上板作品。

同樣位於安南區的小鹿家麵包店，店址非常特別，位於安靜的住宅區，但因店主太愛綠植栽，店面仿如雨林溫室，第一次上門買麵包的客人總不禁懷疑，這是麵包店還是植栽店。這裡的麵包使用優質麵粉烘焙，季節水果麵包也常有驚喜，來買美味麵包又可欣賞到一片美麗的綠意，難怪小鹿家的麵包總是出爐後沒多久就被搶購一空。

小鹿家麵包店
臺南市安南區海東七街 49 號
13:00 ～ 18:30，週三、四公休

蕨的想買就買
臺南市安南區怡安路二段 516 巷 178 號
10:00 ～ 17:00，週一、三公休

Perfe'dough

推薦法芙娜巧克力雪球與圓胖可口的甜甜圈。

Perfe'dough甜甜圈專賣咖啡館，位於南區一處相當有趣的老公寓裡，須由後側的外梯上樓，來到二樓，卻是空空如也的空間，只在樓梯旁擺了幾株植栽、乾燥花與老物，繼續往上爬到三樓才來到主用餐區。

這裡的空間布置不走大量植栽路線，而是透過巧緻的植栽擺放與質感陶盆，營造出簡樸的高雅感，同時又隱約透著一股不可言喻的浪漫。Perfe'dough可說是衍繹出另一種層次的植栽布置，不過，甜甜圈的水準當然才是讓人一訪再訪的主要原因。

內餡豐富多變化

Perfect意指「完美」，Dough則是「麵團」，手工揉製的麵團與自家菌養的酵母，製作出名符其實的完美麵團。內餡更是一直推陳出新，除了招牌的草莓卡彭、海鹽開心果、覆盆莓乳酪外，也會依季節推出不同口味。另還特別推薦法芙娜巧克力雪球，優雅的巧克力口味與清爽的鮮奶油組合，真是相得益彰！由於甜甜圈相當受好評，建議先預約，內用座位若需等候，也可選擇外帶。

Perfe'dough
臺南市南區新興路414號3樓
週三～六 13:00～18:00

7-7 聊寓

南門花市起家的聊寓，在花市不遠處的南門公園轉角也有了新據點，可在此找到許多高級的網紅植物，主理人對於植栽照顧相當專業，算是專業級植物玩家必訪之處。空間雖不是很大，但植栽療癒力強大，經過總忍不住進去逛逛。

臺南市中西區樹林街二段 107 號
週六、日 10:00 ～ 18:30

7-8 裸花

「裸是自然，花傳情感」，因而店名取名為「裸花」，花藝創作風格時而野放、時而雅致，也販售花束、不定期舉辦花藝課程，這裡也能買到些較特別的鮮花。習慣插花的臺南人購買週花，不是到裸花，就是往草器跑。

臺南市中西區府前路一段 129 號
14:00 ～ 22:00，週二公休

7-9 自然熟歐式蔬食

在台北開設鮮奶茶品牌聞名的自然熟，回鄉開設的餐廳竟是歐式蔬食料理。雖然位於鬧區，但擁有大片玻璃與照顧得很好的綠植栽，明亮寬敞，有別於一般老屋餐廳的風格，餐點之外，甜點也做得很有水準。

臺南市中西區民族路二段 57 巷 1-2 號
11:30 ～ 15:00、17:30 ～ 21:00，週一、二公休

7-10 植得其所

植得其所位於安平市場旁的可愛黃色老屋，秉持著讓植物適得其所的初心，為美麗的室內植栽，精選了各種材質的盆器、花架、園藝周邊品，其中還包括許多令人眼睛為之一亮的台灣創作盆器。店內布置溫馨，是個可以慢慢聊、逛植栽的空間。

臺南市安平區安北路 103 巷 7 弄 16 號
10:00 ～ 18:00，週二公休

FOCUS 8

中草藥 自然系所

除了綠意盎然的空間，府城也有不少以傳統中草藥、天然食材、節令為主的空間，新一代以創新的方式經營，讓年輕人也樂於接受這些老祖宗留下來的智慧結晶。

博仁堂漢方餐飲

吃苦不如吃補，嘗嘗漢方料理與甜點。

博仁堂源自傳承了六代的中藥家族，第四代傳人周智夫先生，來自中國廣東中山的中醫家族，在廣州與香港就讀中醫專科學校。

後來周志夫父親周光國隨國民黨赴美，周志夫則來臺，並於民國44年考取中醫師合格證照，開始在民權路大安藥房駐診，1961年才在永福路全美戲院對面開設「益智堂」，後來搬遷到現址。藥行所在的西門路二段300巷，原為五條港中的支流關帝港，以前這條短短的巷子有眼科等專科診所，堪稱診所一條街，現在卻只剩下博仁堂一家了。

以字畫設計出特色空間

西元2000年時，因同一縣市不能有兩家同名藥鋪，因而以周志夫之子周博仁的名字改為「博仁堂」。然而這家傳承百年的中藥行，不敵後來西醫的興起，原已計畫收掉之際，第六代傳人周建文先生深覺得傳承這麼久的中藥店就這麼結束，實在可惜，毅然辭掉原本的工作回家接手，並將博仁堂中藥鋪轉為臺南市第一家兼營藥膳餐廳的中藥行。

重新整修原本的老藥鋪時，拆下來無數匾額，原本不知道該如何處理，某天突然想到不如當桌面使用，意外成了店內的特色。而牆面上的各幅掛畫，都是阿公時代各方贈與的，數量多到每年換一批都展覽不完，其中可有不少珍品！

漢方防蚊液，兼具酒精消毒功效

中藥材變化出漢方餐飲

中藥行原本就有代客煎藥的服

博仁堂漢方餐飲
臺南市中西區西門路二段300巷27號
11:30～20:30
散策路線 赤崁樓周區

務，再加上現任主理人認為「吃苦不如吃補」，平時若能依節氣補身，才是最佳的保養之道。餐飲部分就是由此發想出來的，將阿公專業中醫生一直以來所堅持的正統四物、八珍、十全大補，煎煮為一盅盅真材實料的漢方料理與甜點，其中包括廣東料理特有的陳皮紅豆沙、夏枯草等餐飲。

近年現址旁邊又整理好另一間老宅，平常當作課程的空間，週末開放參觀，內部的每一項收藏都與中藥歷史有關，聽主理人講解才知道，原來這些收藏這麼有意思！

令人敬佩的是，周先生積極推廣中藥生活文化的精神，連年舉辦中藥生活節之外，也常舉辦些大人小孩都能一起做的手作課程、輕鬆又專業的中醫保養課程，像是漢方防蚊液、節氣香包，甚至導覽行程、與知名調酒師合作漢方酒飲、啤酒釀造等，就是希望讓大家更加認識中藥文化。

1 2 3 4

❶ 漢方套餐誠意十足／❷ 菜單上清楚説明各道菜的特色與禁忌／❸ 內部收藏的文物都與中藥或街區歷史有著巧妙的關聯／❹ 自阿公時代即在現址開設「益智堂」，後改為博仁堂

百年傳承香鋪：吳萬春香行

藉由體驗課程認識傳統製香文化與工藝。

清光緒21年（西元1895年）第一代創始人高標梅先生，在保安宮附近開設香行，後來第二代的阿公吳森緣先生過繼吳姓友人，店遷至永福路祀典武廟前，改名為「吳萬春香行」，至今已有120多年歷史。

阿嬤過世之前，香鋪一直在武廟前，近年第四代將香鋪遷到民權路新店址，還在武廟前的巷子設有一家蜜餞店，販售味道較為清爽的水果蜜餞與健康的低溫烘焙果乾，綜合口味的古早味蜜餞禮盒，是很理想的伴手禮，絕對會讓同事們搶著品嘗。

天然香料製成線香

相當推薦百年傳承香鋪的傳統線香，在這個便宜化學香充斥的時代，難得他們還秉持著四大堅持製香：採天然香料，並選用桂竹枝製香，經日光曝曬手工製作，讓線香的香氣更為豐富，包裝也特別保留傳統的紅紙包裝，古味十足。

香鋪裡販售的產品主要分為祈拜用香與生活薰香。祈拜用的線香中，以檀香粉製作的萬福線香最受歡迎，接著是多種中草藥調配的水沉香，香氣聞起來都讓人感到非常舒服。現在坊間幾乎都是化學香，若能買到像百年傳承香鋪這種使用天然香料製作的線香，那麼其實拜拜用的線香，就跟一般生活的薰香等級差不多了。據傳香最初是九天玄女成仙之前，將中藥材磨成粉，和糯米粉搓成條狀曬乾後，以薰香為父親治病而來的。因此世人尊稱九天玄女為「香媽」，有香之處，便有香媽的護佑。

吳萬春香行
臺南市中西區民權路二段253號
09:00～18:00，週二公休
散策路線 赤崁樓周區

吳萬春蜜餞
臺南市中西區永福路二段227巷10號
09:00～18:00，週六09:00～20:00，週二公休

體驗行程認識製香工藝

除了傳統線香外，近年還引進日本著名香堂的生活薰香，香氣同樣天然溫和，提供顧客更多選擇。此外，現任主理人對於臺南文化投注了不少心力，為了讓遊客有更深入的體驗，開設了製香導覽體驗行程，藉由體驗課程深入分享傳統製香文化與工藝，並與教育機關合作，持續推廣這門傳統工藝。另還提供10條導覽路線，每個月走3條路線，讓遊客或甚至臺南住民，有機會跟著老臺南人走進巷弄，更完整認識臺南的美好（可參見其官方臉書公告報名參加）。

❶❷❸ 至今已有一百多年歷史的香鋪，堅持選用天然香粉與桂竹枝手工製作／❹ 吳萬春蜜餞的綜合蜜餞禮盒，很適合帶回辦公室與同事共享

手艸漢方生活館

平日可吃到家常飯菜，週末可預約節氣飯菜。

有次在手艸吃飯，一位熟客進門對老闆說：「我一回臺南馬上來這裡吸收日月精華。」是的，對於客人來說，手艸不只是一家茶館或咖啡館，而是不時要來充充電的地方。

主理人相當熱心推廣台灣本土創作音樂，店裡播放的歌曲，幾乎都是台灣獨立創作人的作品，偶爾還會舉辦小型音樂會，又偶爾是經絡理療服務進駐、或是排灣傳統刺青。

特色養生漢方茶飲

餐飲的部分更是特別，由於主理人從小在中藥行長大，對各種藥材耳濡目染，於是這裡的飲料主要為漢方飲，有些補元氣，有些讓眼睛亮晶晶，就連咖啡都加了漢方，味道相當特別。目前還新增了手沖咖啡選項，平日也提供日常飯菜，使用的雖是常見的關廟麵，但老闆說並不是每家關廟麵都好吃，他們花了些心力才找到這款日曬麵，口感果真很棒。麵條簡單地拌特選紅蔥頭鵝油與冷壓清麻油，再打上一顆生蛋，整體味道和諧，讓人很順地呼嚕嚕吃完一盤，配湯則是酒釀麻油蛋湯，香噴噴又爽口，週末還可預約自然農場蔬果料理的節氣飯菜。吃完也可以將店內的好味道帶回家，手艸將各種漢方飲製成茶包，包裝設計精美，自己飲用或當伴手禮都很理想。

手艸漢方生活館
臺南市北區裕民街 72 巷 12 號
12:00 ～ 18:30，公休時間請參見其 IG、FB
散策路線 鴨母寮市場周區

千畦種籽館

好像走進了龍貓住的大樹裡了。

農業專科畢業、從事景觀設計的梁崑將與趙英伶夫婦，一直專注於北回歸線以南、墾丁半島以北、中央山脈以西的種子收藏。

後來在北區現址，以回收的舊木門、木窗，慢慢圍搭出這一處種子伊甸園，有些客人進入園子，覺得好像走進了龍貓住的大樹裡。

生動導覽認識種子

主理人認為自然教育應該是能碰觸得到的體驗，因此決定成立種子館，並透過生動易懂的導覽，讓大人、小孩更深入認識種子，再加上他們收集的，大多是在我們生活中常見、垂手可得的種子。有機會來此參觀後，在路上、公園散步時，應該會以不同的眼光來看待掛在樹上或掉落在地上的種子們，日常散步會變得更有趣。

館內除了頂頭掛著一袋袋的種子外，還有一區種子創作藝術區，種子館的主理人依種子的特性創作出一個個深具巧思的作品。千畦因在屏東還有一處以自然農法耕種的農場，也將自家農場種植的各種香草，製作成薰香等芳香產品。

千畦種籽館
臺南市北區東豐路 451 巷 29-1 號／ 06-236 0035
需一天前預約導覽參觀／ 預約時段 10:30 ～ 12:00，14:00 ～ 16:00
導覽費 200 元，100 元可抵館內消費
散策路線 成功大學周區

杏本善

完整呈現杏仁溫醇的好味道。

出自杏仁世家的杏本善，阿公時代就開始做杏仁茶，從小在廚房幫忙，算起來也從事了大半輩子的杏仁茶工作了。

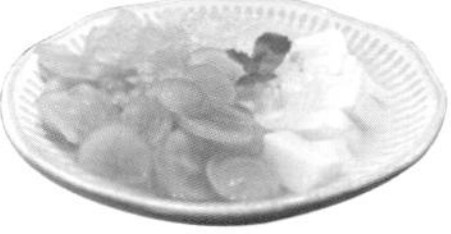

夏季限定的綠葡萄杏仁豆腐

2004 年第三代在大菜市創立新品牌「杏本善」，後來因大菜市的變化，在西門圓環小巷內找到一間老透天，花了許多心力修復、布置成舒適的空間，讓客人或是坐在吧台跟老闆自在聊天，或是窩在二樓漫畫室、榻榻米區，享用杏本善的各式杏仁茶飲與甜點。

質純味順的杏仁飲品

杏本善的杏仁茶沒有任何添加物，完整呈現杏仁溫醇的好味道。在杏本善吃東西就是：品質由老闆來把關，顧客放心吃就對了。除了原味杏仁茶外，加了紅玉紅茶的「紅杏初嚐」，以及加上生蛋黃煮的熱杏仁茶「蛋蛋的杏福」都是招牌，另還相當推薦夏季限定的「綠葡萄微泡碧螺春」與綠葡萄杏仁豆腐，無論是冰冰的綠葡萄、清爽的碧螺春，或是口感細緻的杏仁豆腐，都超消暑的，更何況這一盅是三品齊上！這裡的杏仁奶酒，讓人喝了為之驚豔，杏仁竟能呈現出如此豐富的層次。另還可買大罐的杏仁茶或芝麻豆腐杏仁回家喝個過癮。

杏本善
臺南市中西區西門路二段 372 巷 8 弄 4 號
13:00 ～ 21:00，週三公休
散策路線 赤崁樓周區

8-6

水天古民居茶館

淡淡的芭蕉花茶與老闆花心思製作的藏心菓子。

臺南火車站不遠處的崇安街，古稱「總爺街」，清朝時期是出入古城的要道，為臺南最古老的街道之一。

現在這條安靜的老街上，有一處清幽的院落茶屋，雖然從外面看像是一般的老透天，走入屋內，前廳鬆散擺放著老闆收藏的老物件，繼續往內走的小庭院，芭蕉樹葉隨風搖曳，魚兒水中游，客人坐在小桌邊搖扇品茶，吃著老闆自製的點心，這可不是鬧區裡的世外桃源哪！

用心營造特色茶屋飲食

水天本身也是一家民宿，老闆花了許多心思與時間打理，因此茶屋營業天數不多、座位很少，得先預約才行。

茶屋的菜單上如此寫著：「這裡，那裡，能放就放，就舒服，就很好。慢生活，就很好。」茶屋的茶飲相當特別，像是芭蕉花茶、香水蓮花，再搭配一款我最為推薦的藏心菓子，這是老闆由傳統粿發想，融合柿子製成餅皮，包進台灣地瓜泥，當中還巧心地藏了顆糖漬蓮子。除了小庭院吸睛外，吧台區也布置得相當巧緻，地板是搶眼的紅白相間地磚，斑駁的牆面與天花板則以老鐵窗、鐵製招牌裝飾，呈現出一種朗心的氣息。

水天古民居茶屋
臺南市北區崇安街 16 號
週四～日 14:00 ～ 18:00 ／ Tel:0965139090
Email: shuitien100@gmail.com ／ shuitien.wixsite.com
散策路線 鴨母寮市場周區

8-7 六合境茶弥

位於延平郡王祠旁的六合境茶弥，應該是臺南最專業的紅茶專門店，從最具代表性的大吉嶺、錫蘭紅茶，到日本、中國、非洲的茶，都在菜單選項中。店面風格透著一種恬適的現代禪風，讓人在此安靜享受優質茶與甜點。

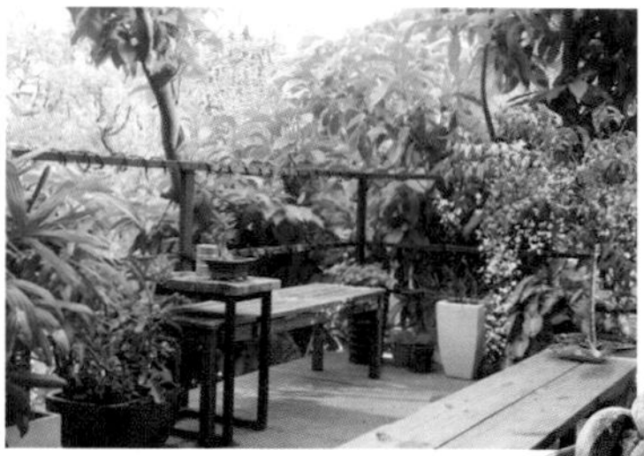

臺南市中西區建業街 18 號 2F
13:00 ～ 18:00，週二、三公休

8-8 有時甘杯

原本位於五妃街老宅的有時甘杯，現在遷入西竹圍之丘文創園區，與一樓的圍讀咖啡共用一棟兩層樓空間，依時節舉辦茶席、小市集，一樓的圍讀咖啡提供餐飲外，也精選了許多臺南在地工藝品，並常舉辦藝文講座。

臺南市東區育樂街 201-4 號
13:00 ～ 18:00

8-9 益生堂老中藥行漢方蜜餞

安平老街上的老藥房益生堂，創立於 1882 年，中藥行對面是益生堂開設的傳統蜜餞店。家族成員在安平路上也創立了另一家結合中藥與蜜餞的行號，這裡的蜜餞除了加入漢方口味外，成分也相對單純許多，另還有煲湯用的中藥包與漢方飲。

臺南市安平區安平路 646 號
10:30 ～ 20:00、週六 10:30 ～ 21:00
週日 10:30 ～ 19:00

8-10 同德香料中藥行

前身是 1940 年代創立的典昌藥行，目前的店面看來雖然較為居家，但這裡曾是臺南最大的中藥行批發、出口據點，現在仍販售優質香料，種類多，品質也非常棒，尤其推薦肉桂、薑黃、胡椒，以及中藥泡製的防蚊乾洗手液，散發著迷人中藥香。

臺南市中西區和平街 13 號
09:00 ～ 18:00 ，週日公休

FOCUS

9 古物／選物店

曾幾何時，臺南突然興起了老屋、老件風潮，而且風格不斷精進，各有各的迷人之處，宛如一家家小藝廊。

鳥飛古物店

器物唯有透過使用才能產生美。

鳥飛古物應該是臺南最具代表性的古物店，主理人年輕時突然領悟到原來老件放在日常生活中，也能如此迷人、有趣，發揮創意做不同的運用，與日常生活接軌，老件的「附加想像」，是能夠如此無限延伸，就這麼開始老件收藏的不歸路。

後來在同一條巷子得知目前這個更大的空間正著手整修準備出租時，主理人趕緊請屋主暫停整修工程，成功保留這屋子留有歲月痕跡的老牆面，不做任何裝潢，讓各個在店內展售的老件，成為這個空間的主角。

美感空間呈現老件之美

鳥飛古物找到paripari這棟優雅的老屋，三樓整修為兩房民宿、二樓為咖啡館、一樓作為鳥飛古物的店面，以較具美感的方式呈現老件，讓客人有機會更清楚欣賞老物件設計線條、材質、細緻工法的美，慢慢讓更多人透過這個有趣的複合式空間，有機會開始接觸、欣賞古物，進而引領臺南的古物風潮。

木質物件溫潤迷人

鳥飛古物的官網上寫著：「以古道具為載體，傳遞物件的時代故事與精神，聯結人與物的關係。讓歲月堆砌而成的美感體驗，成為此時伴於身邊的生活日常。」

鳥飛古物店的迷人風采，是從門口各角落的細節、甚至招牌材質、字體就可感受得到，店內的古物多為台灣、日本的生活老件，讓客人買了可以在日常生活中使用，大玩老物新用的樂趣，因為主理人認為「器物唯有透過使用才能產生美」。

另外在逛鳥飛時會發現，木質物件佔了很大的比例，因為主理

鳥飛古物店
臺南市中西區忠義路二段 158 巷 62 號 1 號樓之一
13:00 ～ 19:00，週二～四公休
散策路線 赤崁樓周區

人覺得木頭有種溫潤的特質，比較能沾染人生活的痕跡，這些都能繼續堆疊出物件的迷人風采。逛鳥飛時也會發現，店內的光線偏暗，盡量減少人工光源的干擾，讓物件在幽微自然光的照映下，更顯其細節手感。店內的擺設也不過繁雜，刻意預留出物與物的距離，且顧及客人走逛時動線的流暢性，讓人踏著流暢的氣場，緩下心把賞各個物件。或許就是這些看不見的細節，讓鳥飛之所以能成為無人能取代的鳥飛風格吧。

鳥飛也希望能持續支持台灣的工藝家，精選了一些自己很欣賞的常設工藝品之外，也與不同的手工藝家合作特展，讓這些跟古物一樣有溫度的作品，能讓更多人看見。

❶ 臺南最具代表性的古物店／❷ 店內有時也有小古董工藝展／❸❹ 陳設中可看到一些有趣的小巧思，逛起來相當有意思

可挖到許多獨特的台式老件。

176 Lab

日本許多古物的設計與工藝都很棒，因此大部分的古物店著重於日本古物，不過176 Lab除了也有一些日本時期的老件外，還有不少台灣早期的櫃子、椅子、老梯、燈飾，甚至早期的麥當勞超大招牌、頗幽默的大型假棕梠樹等古董道具，有些老件看了會不禁莞爾一笑，176 Lab的選物眼光，真讓人喜愛。

限時拍賣會吸引人潮

176 Lab位於自強老街一棟約九十年歷史的老屋，古老的木樑柱、木梯與粗獷的鐵架交錯，完全跟店內選物的風格相符。店內的商品除了一般居家使用與收藏外，也很適合店鋪布置，不少準備在臺南開店的老闆們，都會到176 Lab報到。

176 Lab算是臺南老物的風潮開始起來時開設的，也累積了不少忠實顧客，有時還會晚上九點舉辦限時拍賣會或夜晚的市集，暗暗的小巷某一晚突然出現長長的排隊人潮，讓騎著摩托車經過的阿伯，都要倒退嚕回來問大家到底在排什麼。

176 Lab
臺南市北區自強街 176 號
14:30 ～ 18:00，營業時間請詳見其官方臉書或 IG
散策路線 自強老街周區

9-3

餐桌上的鹿早

衛民街這區是臺南市區年輕潮服店聚集的區域，在這樣的區域，巷弄裡隱藏著一家你可能經過超多次，都以為是一般民家的碗盤選物店。老屋外面爬著美麗的植栽，白色九重葛盛開時，就會悄悄成了網紅景點。

推開老紗窗木門，就像走進一般民居，只是裡面的客廳、廚房都擺滿了價格很合理的碗盤們。除了一般的杯盤外，還有一些老闆特選的古董玻璃器皿、手繪陶器、老件。後面還藏了一間五金小賣所，販售各種五金小配件，像是開關、吊鉤、燈座等等。

價格實惠的特色器皿

這家店其實是斜前方的老屋「鹿早茶屋」延伸而來的，設計出身的主理人，一開始將老屋改為鋪設著榻榻米，讓人自在喝茶的茶屋，由於自己很注重杯盤的配搭，後來收藏漸增，詢問的客人也不少，便在同一條巷子選定另一棟老民宅，衍伸出一般人生活上都需要的食器販售，再搭配一些自己選的手創作品與古董。也因為店內大部分食器好看之餘，價格也是一般消費者都蠻能接受的，因此迅速成為許多臺南人、甚至外地遊客經常到訪的食器店，進店很難空手出來。

許多臺南人習慣來此購買日用的鍋碗瓢盆。

餐桌上的鹿早
營業資訊請關注其臉書
散策路線 吳園周區

目楫／響響

目楫的前身是設計與音樂出身的兩倆咖啡複合空間，當時使用的老屋二樓是家安靜又悠閒的咖啡館，一樓則將以前的臥室、廚房變身為有趣的展覽空間，算是臺南早期很特別的老屋空間。後來他們又在隔壁增設響響音樂私房，更是令人敬佩。

響響可以近距離聆聽現場音樂。

由於主理人本身是音樂出身，這個空間可說是為音樂人、也為愛音樂的臺南人，獨力打造的小型私人表演場地，邀請許多傑出音樂家來臺南演出，這麼多年來依然堅持著，對音樂有興趣者，就繼續支持響響吧；對音樂較陌生者，那推薦過來這種小型表演場地體驗一次，或許這樣的近距離音樂欣賞，就會愛上音樂呢！

特色工藝家作品展覽

後來兩倆咖啡停止營業後，他們在信義老街的另一棟古老房舍，發展出目前的目楫選物店。由於目楫只在五、六、日營業，經過時，常讓人納悶這家暗暗的小店到底是做什麼的。但入內參觀之後才知道，這裡不只是一家選物店，更像是一家小小老屋藝廊，因老闆總能在各種因緣際會之下，找來國內外傑出工藝家展覽，而且每次展覽的作品，都與屋裡的老牆面、枯枝好契合，那種只有目楫才有的美感，真心推薦大家親自找個時間過來看看！

目楫
臺南市中西區信義街 59 號
週五、六、日 14:00～18:00
散策路線 神農街、信義街周區

布咕選物店／島・Shima

巷弄裡的老屋成了古著、花藝、咖啡複合空間。

位於蝸牛巷的布咕 Beaucoup，是著名的司康專賣店 Merci 開設的選物店。Merci 是法文的「謝謝」，Merchi Beaucoup 則是「非常感謝」的意思，因此承繼 Merci 取名為布咕 Beaucoup，名字跟所在位置蝸牛巷一樣可愛。

布咕是府城相當有質感的一家選物店，希望透過品牌理念的嚴選，讓來訪客人看到放置在店內優美老木櫃、木桌上的藤編、玻璃杯、薰香、玻璃製品這些精緻工藝美學，重新對生活怦然心動，為日常增添一股生氣。

古著飾物細節優雅

島・Shima 位於民權路小小巷弄的老屋裡，原本只有一樓店鋪，現在二、三樓也陸續有咖啡館、個人工作室入駐，讓這棟老屋發揮更多元的運用。

島・Shima 販售的服飾均為古著商品，也就是以早期的工法生產製造，現在已經越來越稀少的服飾，且挑選服飾眼光獨到，總是能看到每件服飾獨特的優雅細節，並可從一件服飾看到時代感，好像當時的美好與文化，能夠透過一件衣服展現給現代人似的。

布咕選物店
臺南市中西區民生路一段 205 巷 13 號
13:00 ～ 18:00，週一公休

島・Shima
臺南市中西區民權路一段 199 巷 3 號
14:30 ～ 21:00，週三公休

散策路線 孔廟、美術館一館周區

9-6 鳥樹

除了居家生活老件外，臺南也有不少獨特的古著服飾選品，鳥樹就是其中一家選品既具休閒感、設計又獨特的古著服飾店，店面位於大樓的二樓，整體設計也是跟商品一樣老中帶新。

臺南市中西區忠義路二段 32 號 2 樓
13:00 ～ 21:00
散策路線 美術館二館周區

9-7 法國舊舊

對於喜歡典雅歐洲老件者，位於東區一棟白色獨棟透天的法國舊舊，絕對是挖寶的好地方，常可找到一些狀況良好、設計出色的木桌、木椅、花架、實用生活小物。店址位於名坂奇洋菓子店附近，可先預約參觀。

臺南市東區裕孝三街 138 號
採預約制，IG：french_uncle

9-8 進德成竹藤器行

太陽牌冰品牌旁的老竹編店，販售草帽、竹椅、搖籃、蒲包、撈麵簍、後背竹簍、茄芷袋等。這些傳統商品都可發揮創意加以使用，像是麵撈可以當花器，耐用的茄芷袋也可以跟 LV 包一樣時尚！對面的協進竹篋器行，也值得逛逛，商品略有不同。

臺南市中西區民權路一段 43 號
08:30 ～ 20:30
散策路線 東市場周區

9-9 拾藤

臺南曾是藤製品的大本營，現在雖然已被其他國家取代，但藤製品仍是最適合南台灣氣候的家具。老街巷裡的獨棟小透天裡，有著主理人精選的藤製家具，無論是大型家具、或生活小物、飾品，都讓人好想帶回家～

臺南市北區公園南路 233 巷 13 號
11:00 ～ 18:00，週日、一公休
散策路線 自強老街周區

FOCUS

10 臺南 老屋美學

臺南有幸是較早開始老屋新用的城市，有些轉為藝廊，有些則是酒吧、咖啡館、書店、火鍋店等，許多老屋因此得以保留下來，讓我們仍有機會欣賞內部優雅的空間設計與細節。

TCRC／Bar Home／Phowa／Bar INFU

白天經過新美街 TCRC 酒吧，完全看不出這棟兩層樓老建築，是曾入選亞洲前五十大的酒吧。

但剛一入夜，酒吧門口馬上擺出預約已滿的立牌，透過小窗往裡看，昏黃燈光下，是一桌桌把酒言歡的酒客，這才知道府城最熱門的酒吧可不是說說而已。

TCRC 就位於香火鼎盛的天后宮前，旁有百年老茶行，對面是什麼都有的專業五金行、斜對面是手工錫桶店，TCRC 設於這樣的老街上，風格古中帶潮，第一次走進來會有驚豔感，裡面的氣氛相當輕鬆，可以自在小酌聊天，難怪許多酒客到訪臺南都要來這裡報到。

TCRC 曾入選亞洲前五十大的酒吧。

趣味酒飲主題活動

TCRC 最迷人之處在於整體氛圍散發著頹廢的優雅，且常有獨立樂團在此表演，這家酒吧的中文名稱「前科累累俱樂部」，就是出自常在此出沒的地下樂團，可想而知這裡選放的音樂也很棒。除了有獨立樂團表演外，還常舉辦各種酒飲主題活動，像是威士忌日、冠軍咖啡調酒師日、中藥調酒等等。

後來因空間不夠用，後面的倉庫區也改為舒適的飲酒區，整面牆擺滿各式好酒，只要跟調酒師說明自己想喝的口味，是想來點台北雨綿綿、或是喝點臺南甜滋滋，專業的調酒師就會變出讓客人喝了會心一笑的酒飲。TCRC 以酒飲為主，若想來點食物配酒，可以點隔壁的阿龐燒烤進來吃。

創意特色搭酒菜

TCRC 後來又在中山路巷內找到一棟優雅的老透天，改為 Bar

Bar Home
臺南市中西區中山路 23 巷 1 號
19:00 ～ 01:00，週日公休

Phowa
臺南市中西區新美街 121 號
19:00 ～ 01:00，週日公休

Bar INFU
臺南市中西區忠義路二段84巷63號
20:00 ～ 01:30，週三公休

Home餐酒館，調酒外（每人低消兩杯酒），也提供較多的餐飲選擇，除了招牌的椒麻薯條，還包括臺南特色的意麵等餐點。

近年又在新美街新開了3號店Phowa，調酒及餐飲都非常有創意，像是招牌「茶之本」將大家熟悉的綠茶、柚子奶蓋運用於琴酒上，並畫龍點睛地使用紫蘇讓味道更為豐富，另還有威士忌加入紅豆、夏威夷豆、香草的紅豆相思，餐點則有鹹鹹甜甜的烏魚子棒棒糖、臺南人的炸湯圓等創意小點。

此外，天公廟旁，還有家無招牌的低調老宅酒吧Bar INFU，這家酒吧的主理人Ben是相當專業的調酒師，調酒使用的是先浸泡不同香料的基酒，讓酒香的厚度更為豐富（低消為兩杯酒）。

❶❷❸ 曾入選亞洲前五十大的 Bar TCRC

Bar TCRC 前科累累俱樂部
臺南市中西區新美街 117 號
20:00 ～ 02:00，週日公休

偶爾會舉辦小型不插電音樂會，值得關注。

蘿拉冷飲店

兌悅門是目前臺南老城區仍有車輛、行人穿梭其間的老城門，城門前的信義街，古名為「老古石街」，推薦大家找個時間爬上老城門鳥瞰老街，依然可感受到濃厚的老城氛圍。

這區以前有條連接安平的水道，因以往的貨船抵港後，會將壓艙用的硓砧石堆放在街邊，因此稱為「老古石街」。有趣的是，兌悅門的形狀像拉開的弓，硓砧石鋪造的街道像一把箭，直指安平，安平人為了風水不被這利箭所破壞，趕緊將石將軍請進安平開臺天后宮鎮煞。

這條窄小的老街上，有風格獨特的目柑選物店、持續不懈推廣音樂的響響，以及台菜無菜單料理餐廳築馨居，過金華路還有巷弄裡的聶樓、木蘭咖啡、白日夢工廠、負債女孩、飛魚記憶美術館等。一群人各自在這裡默默做著自己喜歡的事情，是非常有趣的一個街區。

融合老件與英國搖滾風

城門前的蘿拉冷飲店，就是臺南傳奇酒吧 Kinks 及破屋的創辦人林文濱開設的，除了酒吧外，以前在府中街區還開了順風號咖啡，現在則改到原址斜對面，改名為錫鼓咖啡，是家有庭院的日式風格咖啡館。

臺南老屋改造的咖啡館、酒吧無數，但這棟清朝老宅改的蘿拉冷飲店，散發著主理人的個人風格，利用各式優雅的老家具、燈具裝飾成一個古樸卻不呆板的空間，再加上店內還有座巧緻的小閣樓，更增添空間的趣味感。

老闆不但愛老物件，也熱愛老電影、搖滾樂，店名 LOLA 就是英國搖滾樂團 The Kinks 的一首

蘿拉冷飲店
臺南市中西區信義街 110 號
18:00 ～ 01:00，週五、六 18:00 ～ 02:00，週一公休
週末相當熱門，建議七點半前入座

散策路線 神農街周區

歌。店內也收藏了不少黑膠唱片，酒館裡的選歌、選片獨到，是家可讓人放鬆小酌的冷飲店，就像穿著汗衫、笈著夾腳拖，自在生活著的臺南阿伯。

調酒配滷味、鹹甜薄餅

蘿拉既然是酒吧，調酒當然最為重要，這麼有經驗的老闆，調酒確實有一定水準，像是杏仁梅酒、冬天非常適合的熱紅酒，口味都很棒，另也有無酒精飲料、咖啡、茶飲。更令人驚豔的是，酒吧裡竟然還提供週末限定的滷味拼盤，滷汁味道很棒，滷得入味、軟硬度剛好，奶油炒菇及鹹、甜口味的薄餅同樣很推薦，到冷飲店用晚餐也很可以。這裡偶爾會舉辦一些小型的不插電音樂會，可關注意蘿拉的臉書訊息。

❶ 老屋裡的小閣樓／❷ 很有水準的熱紅酒／❸ 招牌薄餅，鹹、甜口味都好吃／❹ 蘿拉店內播放的老電影也相當特別

衛屋茶室

臺南火車站不遠處，有條極為迷你的巷弄，坐落著一間 1920 年日治時期建造的木造老房舍，這座建築原為公家機關的宿舍。

味噌蛋汁拌烏龍麵

2009 年衛屋茶室的主理人找到這棟老房子，開始著手整修，細心保留以前的傳統架構，茶室鋪上榻榻米，重新整理日式拉門與菱形窗，讓客人坐在內室用餐，即可看見窗外的日式庭園造景。

體驗和風空間飲食

用餐區主要分為兩個區域，後面的區域較為安靜，布置也極具美感。整體空間呈現濃濃的和風氛圍，店家也就順其文化，提供上等日本茶與季節限定手作和式餐飲。甜食包括栗子紅豆湯圓、季節性和菓子，鹹食則有紫蘇飯丸、溫玉豆皮野菜湯麵、味噌蛋汁拌烏龍麵。我喜歡這裡的鹹食，以味噌蛋汁拌烏龍麵來說，爽口而美味。整體來說，風格優雅，若剛好在火車站附近，可以過來喝杯茶、靜靜欣賞窗外造景。

整體空間呈現濃濃的和風氛圍。

衛屋茶室
臺南市北區富北街 74 號
12:00～19:00，週三公休
散策路線 臺南車站周區

B.B.Art 老屋藝廊

臺南營業的老屋建築中，B.B. Art的建築結構是非常優雅的一座，尤其是由二樓循著老梯上三樓時。

B.B. Art這棟建築也大有來頭，曾為臺南第二家百貨商行「美麗安洋品店」（第一間為林百貨），從對街的百年肉粽店再發號往B.B. Art看，仍可看到以前百貨商行在山牆上留下的「美」字。而B.B. Art整修老屋清理三樓地板時，發現地板上的徽章才知道，三樓當時還曾是不對外開放的美軍俱樂部。

三樓曾是美軍俱樂部。

自在欣賞藝術品

B.B. Art雖然是一般人覺得較有距離的藝廊，但這裡的展覽空間卻相當親民，各種新時代藝術品擺放在以前的客廳、臥房改的空間，再加上明亮又通風的天井，多了一股南方建築的悠閒自在。而且B.B. Art展覽的藝術作品都相當接地氣，有機會經過桃紅色大門，不妨推門進來看看這次的藝術家，裡面有什麼有趣的作品。這麼棒的建築空間，確實會讓人想多待一下，二樓規畫為咖啡館與小小的商品販售區，看完展後，還可在此靜靜待一會。

B.B. Art
臺南市中西區民權路二段 48 號
11:30 ～ 18:00，週一公休
散策路線 台灣首廟天壇周區

Koemon 咖啡

在侘寂禪味的空間品嘗精緻法式甜點。

Koemon 咖啡位於臺南火車站不遠處的巷弄內，這棟建築是戰後第一位本土女性建築師王秀蓮為自家親戚設計的住宅（佳佳西市場旅店也是這位建築師的作品），土黃色洗石立面，搭配白色的可愛窗框，簡簡單單勾勒出建築生動的表情。

內部設計由畚設計操刀，巧妙地將外面的天光引進室內這個帶著侘寂禪味的空間，呈現出迷人而深沈的漸層光域，再透過錯落的座位，讓客人享用咖啡、甜點之際，也能欣賞到不同的風景。

咖啡甜點製作用心

Koemon 咖啡兩位主理人的餐飲背景相當扎實，負責咖啡的主理人已有十年的咖啡餐飲經驗，法式甜點師則出自澳洲墨爾本藍帶廚藝學院，無論是咖啡豆的選擇、甜點的呈盤，都用盡了心思，將最好的呈現在客人面前。Koemon 咖啡不但讓這棟老宅有了更棒的運用，也讓臺南咖啡館更為多元了。

Koemon 咖啡
臺南市北區北門路二段 15 巷 17 號
12:00 ～ 18:30，週三、四公休
散策路線 臺南車站周區

小山林家庭料理

小山林家庭料理坐落於六合境清水寺斜對面的一座老屋，印象中，小山林就是這樣一家若有似無、安立在老街上的小店。

後來鼓起勇氣推開老木門才發現，這裡提供相當有水準的手作甜點與鹹派，時而推出好好吃飯的預約式套餐，時而舉辦與大地、心靈相關的小展覽，小山林的活動總是帶著他處難尋的獨特性。

靜心品味空間與飲食

主理人曾提到，剛搬進這座老屋時，內部狀況並不是很好，慢慢以自己能力所及的程度整理，且盡量不做太侵略性的破壞，連釘子都盡量不釘，即使是如此佛性的整理方式，仍讓人興味盎然地欣賞各細節布置：散步時撿到的老鐵片、姿態獨特的植栽、京都旅行時帶回的手工紙等，讓客人在等待美食上桌時，能夠輕輕聽著音樂，感受這個空間與小巷的美好。

不遠處的惘堂書店，全新設計過的內部，豪不猶豫地將古老的結構塗上黑，優雅地放置著書籍、古物，讓人彷彿踏入樸美的黑洞中尋書。惘堂的選書更是用心，世界各地曾描繪過台灣這片土地的古書籍、地圖，以及藝術、天文、文學等各類別值得收藏的書籍，很推薦愛書人過來找書（內部不可拍照）。

惘堂書店是最值得來尋書的府城獨立書店之一。

小山林家庭料理
臺南市中西區開山路 3 巷 21 號
週五～一 12:00 ～ 17:00
散策路線 孔廟、美術館一館周區

10-7 秘氏咖啡

在台北師大商圈開設第一家秘氏咖啡的團隊，後來又在散發著濃濃王家衛風格的臺南永樂市場二樓，開了二號店，將這個樓中樓小空間，透過老件的布置，呈現出復古的老香港氣息。秘氏咖啡之後，又陸續進駐了些店家，讓更多人有機會上二樓探訪這個神祕的場域。

臺南市中西區國華街三段 123-160 號永樂市場 2 樓
14:00 ～ 22:00，週三、四公休

10-8 聶樓咖啡

原本位於神農街的聶樓咖啡，搬遷到信義街巷弄裡一棟迷你老建築，內部空間雖有限，但仍巧妙地運用樓中樓空間，規畫出二樓的褟褟米用餐區與一樓的吧台、雜貨鋪，還常策畫些主題有趣的選品展售。來訪信義老街，也不忘鑽進這座屋前九重葛總是開得美麗的好玩空間。

臺南市中西區信義街 60 巷 3 號
11:00 ～ 19:00，週二公休

10-9 木蘭咖啡

曾為能盛興鐵工廠的老建築，一樓改為設計超酷的「Waroom Studio 髮廊」，二樓則成為純色系的木蘭咖啡。雖然兩層樓都有了新的營業目的，但仍保留原本老工廠的建築結構，呈現出輕盈的工業風。木蘭的選品與選書都非常有質感，飲品更是好拍又美味。

臺南市中西區信義街 46 巷 9 號 2 樓
11:00 ～ 19:00，公休日請詳見其 IG、FB

10-10 毛房 蔥柚鍋・冷藏肉專門

位於東門不遠的毛房，是老屋中改裝得很優雅的一間，再加上餐廳使用的餐具、甚至菜單設計都相當有質感，昆布湯底及特製沾醬香氣迷人，食材品質好，就連日本訪客到此用餐都大讚，尤其是澎湃的海鮮套餐以及最具臺南特色的虱目魚三料丸，口感及香氣調理得真好！

臺南市東區府東街 148 號
11:30 ～ 14:00、17:30 ～ 21:00

FOCUS 11

臺南經典咖啡館

新咖啡館一直不斷在臺南各角落冒出來，但有些開設多年、經典不墜的咖啡館，仍在這個城市持續堅持自己的理念與風格，散發獨特的存在意義與迷人風情。

南十三鍋炒咖啡

南十三原本開在忠義路巷內的陳世興古厝側廂房，後來因古蹟開始進行修復工程，南十三 1.0 只好休息，靜待南十三 2.0 開張。

享受自然氛圍，自在喝杯咖啡。

雖然南十三咖啡目前還沒有固定店面，但還是特別想將南十三記錄下來，因南十三 1.0 的整體文化與氛圍，實在是我心中咖啡館最理想的模樣。有些店家的老闆氣場強大，一進店就可以明顯感受到店家的個性，有些店家則設立了一條條規則，但南十三卻是個無規無矩，老闆溫和好聊，然而來店的客人，就是會很自然地順著店裡的氛圍走，自自在在跟朋友或老闆聊聊天，喝著一杯杯老闆呈上的手工鍋炒咖啡，在輕鬆地言談間，還能顧及接待每位客人。

鍋炒咖啡香氣醇厚

這裡的計價方式就跟老闆的個性一樣，不用麻煩，不同咖啡豆輪番上桌，每人卻只要繳上超佛心的單一價即可。當然，如果真的喜歡老闆的鍋炒咖啡，可以跟老闆買豆子回家慢慢享用，只是南十三的咖啡豆都是手炒，每次的數量很有限，常一公布就賣完，手腳要快（現仍不定期在臉書分享數量少少的手炒咖啡包）。

南十三的主理人原本在南投從事林木研究工作（果然就是長期與大自然相處的性情），後來找空出山跟台中十三咖啡的老闆學習鍋炒咖啡，回到臺南開設咖啡館，取名為「南十三」，向台中十三

FB：南十三

致敬。來這裡喝過咖啡，會驚豔於鍋炒咖啡原來可以如此好喝，原因無他，老闆對於各種咖啡的調性相當了解，總能將各地豆子的特色完整呈現出來。

樂於分享咖啡知識

南十三的老闆個性雖簡單，但底蘊深厚，每次來喝咖啡，總能帶著滿滿的專業咖啡豆知識回家，從咖啡館裡放的音樂、書籍也可窺一、二，以前的南十三晚上還常放映些獨立電影與熟客一起欣賞，期待南十三2.0快快開張，臺南實在太需要這樣的咖啡館了。

老闆仍持續在臉書上分享各地咖啡豆的調性，偶爾的週末夜晚，會到A Room房間咖啡駐店煮咖啡，一樣老規矩，自己找位置坐定後，老闆煮好不同地區的咖啡讓客人品嘗。想了解南十三咖啡最新動態，可詳見其官方臉書。

1

❶ 南十三咖啡可說是經典中的經典

A Room／二子咖啡

位於東區巷內的 A Room，小巷外是大樓、銀行之類的現代化街景，走進蜿蜒的巷弄，卻見傾頹的老屋、路邊的野花草，接著這棟擁有美麗庭園的平房老屋，才慢慢出現在眼前。

二子的餐飲多使用在地小農的食材。

不定期舉辦藝文活動

A Room 的主理人原本在南寧街開設思潮二手書房，後來收掉二手書店，改到此開設咖啡館，將書店裡的部分書籍收藏在此，並增設許多可插電的座位區，讓附近的學生、Soho 族可到此工作、閱讀。因此在這個每個月都有好幾家新咖啡館誕生的府城，A Room 即使已開店十多年，平日還是有不少客人，週末更是常滿座。

A Room 不只是一家咖啡館，還常舉辦不同的藝文活動，或甚至與咖啡高人合作，像是還未有固定新店面的南十三老闆，週末有時會到此駐店，讓老客人依然可喝到南十三的好咖啡。

舒適享受閱讀餐飲

A Room 後來在康樂街開設了另一家分店 Room A 計時圖書館。位於三樓的 Room A，坐擁臺南美麗的藍天與明亮舒適的空間，且這家店的消費方式非常有趣，是以分鐘計費的，第一個小時 100

A Room
臺南市東區長榮路一段 234 巷 17 號
10:00 ～ 17:30，週二公休

Room A
臺南市中西區康樂街 21 號 3F
11:00 ～ 18:00

二子咖啡館
臺南市東區城東街 66 號
12:00 ～ 20:00

元，之後每分鐘1元。另提供早起的鳥兒含限定早餐的Early bird pass，以及想在店內泡一整天盡情看書的All day pass。由於店內有許多較特別的書籍、雜誌，許多客人會特地過來窩在這裡暢享閱讀時光。

另一家同樣是很有態度的二子咖啡館，近年遷至東區相當幽靜的住宅區。餐飲多使用友善環境、回饋在地的食材，甜點製作與咖啡都相當用心，帶著一種溫醇的口感，鹹食義式三明治的口味也做得好。一樓咖啡館內的選書獨到，後側明亮的用餐區，以綠植栽營造出悠閒的氛圍，是個可好好看書、享用餐點的空間。二樓則是二子的選物與主題展覽空間，定期與獨立創作者策展，可以感受到主理人想藉由這個咖啡空間，讓訪客能將一些有趣的新想法帶回家。

❶❹ 二子一樓為咖啡空間，二樓規畫為展覽選物空間／❷ 鬆鬆的戶外用餐區／❸ 室內用餐區

散策路線 成功大學周區

甘單咖啡

位於開隆宮七娘媽廟旁的甘單咖啡，名字取台語「簡單」的諧音，咖啡館的定位也相當簡單，以咖啡為主，並沒有太多複雜的品項，專心做好咖啡，咖啡豆都是自家烘焙，品質一直維持在水準之上，尤其是義式咖啡。

整體空間呈現濃濃的和風氛圍。

榕樹下納涼喝咖啡

甘單位於七娘媽廟邊的老宅，主理人修整時保留部分老屋結構，在舊牆老磚與重新拼組的老家具間，呈現出獨具甘單風格的咖啡館，尤其是咖啡館外面向開隆宮廟埕這邊，還在老木門前放了幾張椅子，客人可以在戶外以各種舒適自在的姿勢喝咖啡、聊天，是現代版的榕樹下納涼景象。

開隆宮的七娘媽，是臺南人做16歲成年禮的主廟，這條小巷俗稱「七娘媽巷」，巷口是網紅景點的老屋「旭峰號」，往旁邊的小巷走就是開店位置相當獨特的「鬼咖啡」。甘單咖啡斜對面還有另一家咖啡老店「寮國咖啡」，咖啡也非常好喝。寮國咖啡的隔壁是「谷園客棧青年旅館」，對面則是致力於老屋保存與修復的「古都保存再生文教基金會」，繼續往前走是吳園。短短的中山路79巷，卻是如此的精采！

甘單咖啡
臺南市中西區民權路二段 4 巷 13 號
13:30 ～ 21:30

浮游咖啡

許多人對於浮游咖啡的印象是店內的音樂很棒，桌邊、櫃上、階梯上有許多垂手可取得的書籍，想靜心看看書，就會想到浮游。

但這裡賣的可不只是氛圍，印度奶茶、錫蘭奶茶、冰飲口味都調得很好，還特選了水里手炒茶與咖啡，緊緊抓住老顧客的胃，時不時就想回來輪喝不同飲品。尤其推薦下午剛開店，或偶爾晚晚仍開店的夏夜，人還少少時，浮游真是個好窩的地方。

印度奶茶讓人不時想回來喝一下。

獨立空間靜享咖啡

浮游咖啡位於府中街安靜的巷弄內，建築本身原為建築師的工作室，浮游的主理人島二哥接手後，並沒有做太大的變動，因為島二哥的布置功力強大，運用手邊的材料，就可以創造出一個能讓人細細欣賞的空間。喜歡這家咖啡館的另一個理由是，店內分為好幾個不同的獨立空間，互不打擾，後面是舒服的和式區，前面的明亮空間放著一張大桌、側廂房則可享受獨立的安靜空間，有機會還可坐在吧台區跟島二哥聊聊、或者與狗狗玩要，在不近不遠的互動距離間，總有種溫暖安適的感覺。這也是為什麼許多浮游的老客人都變成了朋友，經過這區就會過來小坐一下。

浮游咖啡
臺南市中西區府前路一段 122 巷 81 號
13:00 ～ 19:00，週三公休
散策路線 孔廟、美術館一館周區

餘事咖啡

居民身心自在歇息、充電之所在。

位於熱鬧府中街一棟美麗老屋建築三樓的餘事咖啡，前身是搬到東區靜靜生活的豆儿藝廊咖啡。

餘事接手後，承襲愛護老屋的初衷，用心維護這棟老屋，美感依舊，每每造訪餘事，都忍不住掏出手機從門口、階梯開始拍起，進入室內則是溫暖的光線與適巧的質感布置，外面窄小的陽台區，也設了幾個有趣的戶外座位區，最喜歡平日的安靜午後過來坐在這裡喝茶，時而抬頭看看徐徐飄過府中街的閒逛人兒，享受清風掃過綠樹的爽朗。

精挑選物吸引目光

餘事的定位是「陶鍋咖啡×茶×選物×閱讀沙龍」，以精選好茶、自家慢火手炒咖啡、手作甜點，及室內舒適而安靜的座位區，成了「居民身心自在歇息、充電之所在」。再加上精采選物，像是大師焙茶系列的手炒蔗香金萱、野牛紅茶、老鐵觀音、阿里山及南投的精選茶，以及一些生活選物，就連吊燈都讓人忍不住問老闆哪裡買的。

餘事
臺南市中西區府中街 94 號 2 樓
營業時間詳見官方粉絲專頁
散策路線 孔廟、美術館一館周區

無責任咖啡

無責任咖啡是另一家默默在東市場周區巷弄經營了許多年的咖啡館，每到了用餐時間，有些老客人就會定時報到，來吃美味的印度式咖哩飯，下午茶時間，則有人會來找個舒適的座位，坐下來翻閱店裡大量的書籍、靜靜滑手機，或與朋友盡情聊天。

咖哩飯能讓人一訪再訪。

空間俐落又顯溫暖

最喜歡無責任咖啡的地方是，工作人員全都在二樓，進門的整個一樓空間，完全無人管，只有一整櫃的書籍與溫暖的燈光，點餐請上二樓找老闆。這種放任的信仕，可不是人性中最迷人之處？此外，無責任接待客人的方式也拿捏得很好，讓客人感受到誠意之餘，又有一份從容。

無責任咖啡的空間布置也很令人欣賞，只是將原本老宅不需要的部分移走，店內仍可看到那個時代常見的老式裝潢，但在各式工業風的老件、綠植栽適宜地裝飾下，卻能營造出一種老而不舊、俐落中帶著溫暖的風格。無責任的餐點品項雖不多，但單是三種口味的咖哩飯，就能讓人一訪再訪，尤其推薦印度式菠菜咖哩飯，如需素食餐，點餐時也可先告知。

無責任咖啡
臺南市中西區青年路 226 巷 8 號
週日～三 11:00 ～ 17:00，週四～六公休
散策路線 東市場周區

11-7 曉咖啡

臺南大部分咖啡館都早早打烊，但有幾家逆向操作，讓夜貓子也找得到地方喝咖啡，位於南門公園後面小小巷弄裡的曉咖啡，就是這樣一家咖啡館。夜晚想吃甜點則可到美得醉人的月波或鹿耳深夜甜點。

臺南市中西區忠義路一段 84 巷 6 弄 2 號
13:00 ～ 00:00

11-8 StableNice BLDG.

St. 1 Cafe 一街咖啡應該是臺南在地最具代表性的咖啡館，從永康一號店開始打出名號，接著在忠義路小巷的 paripari 二樓開設了新店，後來又在南寧街巷弄開設三號店 StableNice BLDG.，每一家的風格都不盡相同，但幾乎都是大家來臺南必打卡的咖啡館。

臺南市中西區南寧街 83 巷 9 號
10:00 ～ 18:00，週二公休

11-9 錫鼓咖啡

錫鼓是蘿拉冷飲店主理人林文濱的另一力作，前身是斜對面的順風號，後來移至這棟由他修復完成的日式老宅，偏日式風格與順風號的老台式浪漫完全不同，卻同樣好窩，尤其是舒暢的庭院。而店名錫鼓就跟蘿拉一樣，來自英國樂團 Japan 在 1981 年發行的「tin drum」。

臺南市中西區開山路 35 巷 39 弄 5 號
10:00 ～ 17:30，週二公休

11-10 豐咖啡

原本開設在民生路的豐咖啡，近年搬遷到安平區以在地住民為主的安靜住宅區，專注於咖啡烘焙，而他們的烘焙功力也確實了得，尤其是自家的配方豆，有著他處喝不到的獨特風味，也常舉辦咖啡系列課程，後來在永康東橋區也開設了新店。

臺南市安平區健康二街 508 號
10:30 ～ 19:00，週二公休

FOCUS

12

那些移居臺南的外國朋友

臺南這個鄉下城市的魅力，也吸引不少外國朋友在此落地生根，為古都注入更多元的文化。

La Belle Maison Cafe 法國咖啡館

安平老街區有間法國大鬍子先生一家人開的咖啡館，咖啡館位於安平市場對面的小巷弄，建築本身其實是一般常見的老透天，但在他們花了兩年的時間慢慢整理，內部格局做了些改變，還隔出個溫室般的用餐空間。

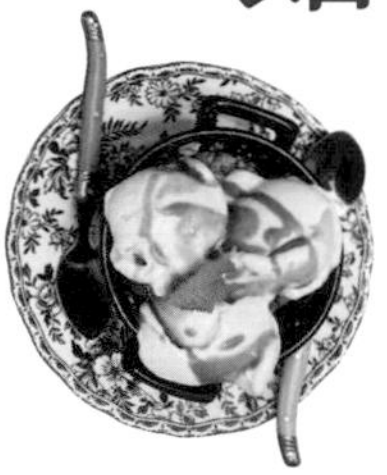

前院栽植美麗的花草、鋪石，內部擺上法國先生自己創作的畫，在上海工作期間慢慢收藏的古董，以及來台繼續收藏的老件，就連蔣中正的雕像都會出現在咖啡館的一角，且一點也不覺得違和。讓人走進這座咖啡館，所感受到的真如其名，一座 La belle maison「美麗的家」。

親切的微笑與招牌餐點讓客人常回來報到。

真誠貼心的待客之道

夫妻倆會選擇落腳臺南，算是個美麗的意外。他們在美國相遇，因工作關係在上海居住多年，退休後思考要回法國或其他國家之際，先回來太太的家鄉度假，卻意外發現臺南是個相當宜居的城市，於是舉家回到了太太的家鄉，找到這棟老透天整理後，本著打發時間交朋友的心態開了咖啡館，卻意外每週末爆滿，成了安平老街區最熱門的咖啡館。不過生意雖好，他們還是 16:30 早早打烊，以便多騰點時間與孩子相處。

除了這裡的招牌餐點讓客人常回來報到外，推薦準備開店的老闆們，過來體驗一下法國先生招

La Belle Maison Cafe
臺南市安平區中興街 6 巷 1 號
10:00～16:30，週一、二公休
散策路線 安平老街、漁光島

待客人的方式。客人進門是親切的微笑歡迎，入坐後呈上水與菜單，以及適切的問候，客人離開時也常是送客送到門口，在在讓人感受到一種真誠與貼心。忍不住要讚嘆這才是待客之道啊！

杏仁可頌香甜迷人

這裡的餐點料理都由夫婦倆自己掌廚，為一家人料理了幾十年的臺南太太，練就一身好功夫，店內提供的義大利麵、可頌三明治，以及杏仁可頌、布朗尼與其他西式甜點，都是太太自己做的，法國先生則負責外場與飲品的部分，另也相當推薦這裡的有機茶與店家選的葡萄酒。

最推薦過來用餐的時間是早上開店到中午這段時間，客人較少，可以悠閒享受這裡的環境，再加上太太做的杏仁可頌，內軟餡優質，外皮與杏仁烤得酥香。可頌三明治也相當推薦，是早午餐的理想選擇。

❶ 非常推薦的杏仁可頌與店家選的葡萄酒／❷❸ 老闆一家花了兩年的時間慢慢整理的美麗家園／❹ 可頌三明治與漢堡也豐盛，很適合過來享用早午餐

阿英越南三明治／三姊妹越南烤乳豬

到越南旅遊過，應該都知道越南的法國三明治味道有多迷人，多麼需要每天早上或下午點心時間來一棒。

越南三明治配一杯濃烈的越南冰咖啡，最對味。

但在台灣吃的越南料理，常會有種少一味的感覺，初次嘗到佳里的三姐妹與阿英這兩家的越南三明治，簡直驚為天人，不用飛越南，終於也可在臺南吃到極美味越南三明治了！臺南佳里雖然距離舊市區有一點距離，但為了這兩家的越南三明治與烤乳豬，絕對值得跑上一趟。

祕方醃製香烤乳豬

三姐妹越南烤乳豬是三位越南姐妹一起創立的，烤豬肉都是自家祕方醃製後，在店門口的大鐵桶慢火烤製而成，他們成功掌握讓外皮酥香、慢火烤還能保持裡面的肉質鮮嫩的製法。烤豬肉實在太好吃，每次都得再外帶一盒回家，放在白飯上，就又成了泰國路邊攤常見的烤豬肉飯了。

而三姐妹中有一位非常愛吃法國麵包，因此對麵包的品質與口感要求很高，台灣一般的越南三明治都吃不到像越南在地那麼酥香又純粹的口感，找了好久，終於找到臺南一家老牌麵包坊做的法國麵包，外酥內軟，跟越南當地的麵包口感很像，而且放烤豬肉之前，還會先稍微烤過，這麼一來客人大口咬下時，是從麵包的外皮一路脆到豬肉外皮，慢慢咀嚼時，再融入麵包香、豬肉香！

三姊妹越南烤乳豬
臺南市佳里區成功路 13 號
06:30 ～ 19:30

阿英越南三明治
臺南市佳里區延平路 170 號
10:00 ～ 19:00，週一公休

自製辣椒醬夠勁提味

有些越南三明治會加美乃滋，但沒拿捏好的話，常會吃了胃堵堵的，但三姐妹的越南三明治醬料簡單，就是淋上一點魚露，再捏點香菜、放上自家醃製的清爽蘿蔔，這樣的口感最為乾淨美味。敢吃辣的，也推薦加點他們自製辣椒醬，真真實實的辣椒，所以蠻辣的，不過加一點點提味，會讓人吃上癮。

阿英越南三明治同樣美味，但口味略微不同，就看個人喜好。兩家相距不是太遠，第一次吃，不妨兩家都買ＰＫ一下，自己吃過最準。

吃越南三明治時（尤其是加了辣椒的），若能配一杯濃烈的越南冰咖啡，那就太幸福了，三姐妹有時也販售越南三明治，調得非常具有越南風味，推薦試試。

1 2 3 4

❶ 阿英的越南三明治，辣椒是生辣椒切片／❷ 阿英的攤位維持頗為乾淨／❸ 看看這外皮多麼誘人／❹ 三姐妹的烤豬肉太銷魂，切的時候一直聽到脆肉的嚓嚓聲

Magic Monkey 悟空活菌茶

朋友有次來臺南，在中正路買 60+ Tea Shop 買茶時，趁空擋走進蝸牛巷逛逛，碰巧遇到一位外國人 Kevin 在巷子裡練功，頓時覺得臺南巷弄怎如此神奇。

Kevin 來自美國，卻說著一口字正腔圓的中文，不只如此，為了鑽研功夫，他閱讀了大量古書，了解許多功夫的來源，因此來店裡享用活菌茶及蔬食漢堡外，還可能聽一位外國人跟你說書！

爽口的發酵氣泡飲

悟空活菌茶是使用台灣的紅玉紅茶為基底發酵的氣泡飲，不但爽口，還含了對人體有益的活菌。而活菌茶之所以取名為「悟空」，是因為 Kevin 非常欣賞悟空這個為了成就他人而存在的角色。這裡也提供全蔬食美式漢堡，口味還包括台灣較少見的鷹嘴豆。

若想吃蔬食烘焙，則推薦國華街四段的憨吉胖，這家的烘焙也是悟空活菌茶傳授的，所有的麵包都不含蛋奶，且無毒、無基因改造或添加物，還是使用素食油烘焙，這難度更高，但美味不減，相當推薦嘗嘗這裡的腰果益生菌做的肉桂捲、蘋果派、桑椹派，都是真材實料的好味道。

臺南少見的蔬食西式餐點。

悟空活菌茶
臺南市中西區中正路 108 巷 2 號
12:00 ～ 18:00，週一公休

憨吉胖
臺南市北區國華街四段 11 號
09:00 ～ 20:00，週日公休

貓島廚房

神奇組合：義大利麵 + 港式甜湯 + 鹹檸七。

近年一對移居臺南的香港夫婦，在北區長北街開設了一家很有水準的義大利麵館，難能可貴的是，他們雖然是外國移居者，卻用心使用了許多臺南在地食材來料理義大利麵，再以充滿家鄉味的港式甜湯，為客人的晚餐畫下完美的句點。

貓島目前由夫妻倆親自打理，原為攝影師的先生，非常擅長西式料理，爸爸在香港又是廚師，館子裡的料理由他負責，原為記者出身的太太，則負責外場，總是以親切與誠心接待客人，讓這裡成為一家有溫度的餐廳。

火燒蝦青醬呈現獨特海味

餐點中的經典料理「青醬火燒蝦義大利麵」，是真正的義式青醬，一點也不膩口，而臺南在地的火燒蝦則為青醬增添了海味，另也推薦威士忌醬油雙菇佐溫泉蛋香腸義大利麵，威士忌酒香讓菇的味道更為豐富，再加上溫泉蛋滑潤的口感，相當有滿足感。還推薦以臺南在地的蚵仔做出清炒白蘭地露筍蚵仔義大利麵，以及鋪滿明太子與老闆祕製蒜油的蒜香明太子義大利麵，港味十足的老爺叉燒，飲料當然要來一杯鹹檸七，老闆自己熬煮的港式甜湯也相當美味。

貓島廚房
臺南市北區長北街 157 號
週五～一 17:30 ～ 20:30，週二～四公休
06-2234409(建議先預約)
散策路線 自強老街周區

李老闆菠蘿包／寓點／孫記煲仔飯

寓點是臺南港式點心中，做得相當道地的香港餐廳，開放內用時，經營方式就像香港的茶餐廳，一早開賣，成為臺南人早餐的新選擇。

寓點的港式茶點是以套餐的方式呈現，除了腸粉、糯米雞這類的主菜外，還包括老闆喜愛的港點，像是燒賣、蝦餃、魚翅餃、菜苗餃，各式口味選搭得巧，再加上石磨芝麻、老普洱茶等道地港式甜湯茶飲，大受歡迎，從一開始的 12:30 售完，慢慢縮短為 10:00 前就收攤。後來因疫情關係，不再開放內用，改以預訂招牌蘿蔔糕（極好吃）、古法馬拉糕等港式小點的方式經營。

菠蘿包與港式奶茶必吃。

鍋巴煲仔飯香氣十足

若想內用港式料理，推薦友愛街的孫記煲仔飯，現煲的飯，雖然需要稍微等一下，但帶著鍋巴的飯煮得香噴噴，值得一等。窩蛋牛肉、滑雞的肉質都很嫩，臘味三寶的香氣十足，另還有港式老火湯以及各式經典港飲。

而到香港總要吃個幾次的菠蘿包與港式奶茶，臺南也有做得相當道地的李老闆菠蘿包，酥香的菠蘿包夾上冰冰的厚切奶油，真是過癮。另也推薦李老闆的奶茶，他們的奶茶連香港人都大讚好喝。

寓點
IG / FB: jyudim

孫記煲仔飯
臺南市中西區友愛街 101 號
11:00 ～ 14:30、17:00 ～ 21:30

李老闆香港菠蘿包
臺南市中西區民權路二段 184 號
11:30 ～ 19:00，週一公休
其他公休時間請詳見其官方臉書

12-6

小古巴手作漢堡

臺南最熱門的手作漢堡店之一，老闆來自古巴，店內氣氛歡樂，很受住臺南的外國人與年輕顧客喜愛。其中以古巴煙燻起司雞堡、古巴經典Mojo手撕豬堡口味、古巴家常肉醬最受歡迎，另還有拉丁炸肉餅，或是素食的煙燻鷹嘴豆鮮蔬起司。

臺南市中西區城隍街 48 號
10:30 ～ 14:30、16:30 ～ 20:00，週二、三公休

12-7

瑪哈印度料理

瑪哈印度餐廳雖然是在地人開設的，但都由印度廚師掌廚，因此無論是烤餅、印度式咖哩、烤雞、甚至優格等甜點的口味都做得很棒。南區、東區各有一家分店，新光三越美食街還供應簡單版的印度料理。

臺南市南區夏林路 67 號
11:30 ～ 14:00、17:30 ～ 21:30

12-8

烏司答土耳其料理餐廳

位於延平鄭王祠對面的烏司答土耳其餐廳，是家穆斯林認證的潔淨餐廳，不賣任何豬肉餐點，也建議顧客尊重店家，不要將豬肉製品帶進店裡。除了土耳其常見的雞肉、羊肉烤肉餐外，自家烘烤的麵包也相當美味，另還提供多種素食餐選擇。

臺南市中西區開山路 129 號
11:00 ～ 14:30、17:00 ～ 21:00，週四公休

12-9

潘妮泰式餐食

東區一個相當純樸的小社區裡，有家店面看似普通、但餐點卻非常泰的小館子，餐點由泰國媽媽掌廚、台灣爸爸負責親切接客，餐食料理得香噴噴，無論是海鮮打拋飯、酸辣海鮮湯、泰式咖哩，都好接近泰國當地的口味！

臺南市東區建東街 48 號
10:30 ～ 14:00、17:00 ～ 20:00，週一公休

chapter 3 藝文·臺南式

臺南文化底蘊厚，吃吃喝喝之外，

還有許多值得拜訪的優美建築、文化場域，

甚至三步一小廟、五步一大廟的廟宇，

堪稱民間美術館，相當值得一訪。

FOCUS 13

臺南日式建築巡禮

臺南有幸仍保留許多日治時期建造的老建築，無論在外觀樣式、細節工藝、整體美感，都讓人散步府城不經意看到時，打從心裡讚嘆一番。

大學整修，企圖回復以往旅館、餐廳榮盛的樣貌。

13-1

臺南火車站

臺南車站的所在位置為當時還有點荒涼的城北，因車站的設立，才開始聚集人潮。

臺南車站在現代的臺南市區算是個標界，後站是成功大學延伸出去的東區，前站是古蹟最密集的中西區，沿著中山路直走就是台灣文學館，也是日治時期的臺南州廳，車站右側的臺南公園過去則是北區，早期最熱鬧的小北商圈（東帝士百貨）就在北區，雖然隨著東帝士百貨歇業逐漸沒落，近年東帝士百貨原址又有新的購物中心即將完工，北區商圈的復甦指日可待。

講究細節的氣派建築

1900 年日治時期完工的第一代臺南車站，為一層樓的木造建築，一開始只行駛臺南─打狗線，後來慢慢往北擴展，直到 1908 年縱貫線全線通車。但雙線通車後，原本的車站不敷使用，於是 1936 年又擴建為規模較大的二代車站，也就是即將修復完成的模樣，為台灣首座兩層樓車站建築，1998 年獲內政部列為國定古蹟。

多數日治時期的建築講究細節，二代車站建築外觀的白色方磚，來自愛知縣不二見燒合資會社及伊奈製陶出品，而寢室使用的磁磚，則為北投窯廠製造，貴賓室的大理石特地從花蓮運過來，就連燈具，都是大阪市北中製作所設計的。整體建築風格為折衷主義，立面以三拱門與雕飾點綴，

臺南火車站
臺南市東區前鋒路 210 號
散策路線 臺南車站周區

挑高大廳正面採七扇圓拱長窗，當光照進室內時，大廳顯得更為氣派。

修復昔日旅館餐廳空間

臺南站也是日治時代唯一一座站內設有旅館、餐廳、酒吧、娛樂室、貴賓室的車站，臺南著名的小吃棺材板，就是出自車站內的員工餐。旅館裝潢屬西洋式，其中兩間套房還是當時臺南唯二的西洋式套房設施。

後來因越來越多民營旅館加入，加上鄰近月台存在著無法解決的噪音問題，1966年旅宿停業、1985年餐廳也熄燈休業。後來二樓一直荒廢未使用，直到近年才開始大舉整修，企圖修復至以往旅館、餐廳榮盛的樣貌，結合鐵路地下化，整個車站周區的地景即將翻開新的一頁，令人期待。

1 2 3

❶ 正在進行鐵路地下化工程的臺南車站，未來周區地景將呈現全新風貌／❷ 挑高大廳正面採七扇圓拱長窗，讓大廳更顯氣派／❸ 目前看到的臺南車站樣貌是延續日治時期所建的二代車站建築

國立台灣文學館

位於國定古蹟原臺南州廳的國立臺灣文學館，是台灣第一座國家級的文學博物館，擔任蒐藏、保存、研究台灣文學的功能，並透過各種展覽、講座來讓大家認識台灣文學、親近文學。

台灣文學館是一座融合新舊建築的空間，地上共有兩層，地下則有三層。重新設計時，委託國立成功大學建築系進行原臺南州廳古蹟建築修復及再利用工程，不僅考量到如何將原本的古蹟建築與新建築融合，也力求不破壞緊鄰的孔廟歷史建築地景，因此新建築的量體與高度，特別縮在原州廳的古蹟建築後面，將原本的迴廊與外牆，變成了室內空間，並透過天窗設計，引進自然光線。

不定期推出不同主題的台灣文學相關策展。

建築風格典雅細緻

原臺南州廳為日治時期的行政中心，於1915年完工，也是總督府營繕課建築師森山松之助之筆。屋頂為銅瓦的法國馬薩式屋頂，屋簷開設老虎窗與牛眼窗，具通風與裝飾功能。正門立面左右皆有一座圓柱形衛塔，更增添建築的典雅風格。入口處四角落以三三成組的托斯卡納柱式支撐，此為日治時期官署建築的重要特徵，山牆面上原本還有動章飾。

然而二次大戰時遭美軍擊中，屋頂及木造部分嚴重毀壞。戰後整修完成後，為空軍供應司令部所用，後來又成為臺南市政府的辦公大樓，直到1997年臺南市政府遷至目前的永華市政中心。2003年修建完成後，選在10月17日正式開館，這也是蔣渭水等前輩於1921年成立台灣文學協會的日子，以呼應蔡培火提出的「台灣是台灣人的台灣」這種爭取台灣人民自由和權益的精神。

國立臺灣文學館
臺南市中西區中正路 1 號
09:00 ～ 18:00，週一公休
免費參觀／ www.nmtl.gov.tw
散策路線 孔廟、美術館一館周區

生動展覽引人貼近文學

台灣文學館開館至今，致力於台灣文學的推廣，經常舉辦各類文學講座、研習，並透過有趣的展覽，甚至機器人導覽，吸引大小朋友進館親近文學，館內更設有文學閱覽室與舒適的兒童文學樂園。就連館外都放置了「擁抱」這座大型雕刻藝術，歡迎大家來擁抱文學。文學館前的湯德章紀念公園，以往為大正公園，園內原孫文銅像的位置現改為莊靜雯所創作的「迎風」。這座雕像猶如黑夜中破風前進的冰上精靈舞者，在逆風中依然昂首闊步、堅毅向前行，猶如湯德章律師不畏強權、在此犧牲自己，借喻各種的歷史傷痛，能隨風而逝，南風再起時，市民繼續勇敢向前。

❶ 原州廳的迴廊現轉為室內空間／❷ 文學館外的燈柱是一首首台灣文學詩文／❸ 湯德章紀念公園原為大正公園，也是 1911 年「市區改正計畫」中的防火公園，向外輻射出七條市區主要道路，可謂舊市區的中心點／❹ 台灣文學館建築為銅瓦的法國馬薩式屋頂，立面兩側各有一座圓柱形衛塔

葉石濤紀念館／武德殿

舉辦文學地景踏尋活動。

大家常聽到：「沒有土地，哪有文學？」，以及「臺南是一個適合人們作夢、幹活、戀愛、結婚、悠然過活的地方」，即出自臺南文學家葉石濤先生之筆。

為了讓大家更熟知葉老對鄉土文學的貢獻，2012 年特別設立了這座紀念館，並選址於台灣文學館後側的臺南山林事務所，有點像是文學館延伸出來的小別館。

舉辦文學地景踏尋導覽

日治時期為了管理與培育林產，特別創建臺南山林事務所。建築的屋頂設計為四坡水斜屋頂樣式，上面鋪著黑瓦，一樓窗戶則為平拱窗，二樓為圓拱窗，並以突出飾帶點綴。紀念館除了展出葉老的作品與創作環境外，還定期舉辦文學地景踏尋導覽活動，帶領大家實際走訪葉老小說中的場景。

紀念館對面的另一棟古蹟建築為忠義國小內的武德殿，日治時期為了廣推劍道，在台灣各處設置了武德殿，這棟建築的所在位置原為臺南神社的外苑，建於 1936 年，樣式為日本傳統的社殿建築，以前外面還設有弓道場。目前武德殿是國小的禮堂，同時也仍是劍道練習場。

葉石濤紀念館
臺南市中西區友愛街 8-3 號
10:00 ～ 18:00，週一、二公休
免費參觀 ／ ystlmm-culture.tainan.gov.tw
散策路線 美術館二館周區

13-4

司法博物館／愛國婦人館

司法博物館有華麗氣派的門廳。

司法博物館（原臺南地方法院）為臺灣現存日治時期大型法院建築，已指定為國定古蹟。設計這棟法院建築時，還特別在空間組織上採非對稱處理，藉以象徵官民不相上下，皆處於平等地位。

主入口及門廳氣勢非凡，門廊為古典山牆形式。正門門框雕有細緻裝飾紋與日本皇家的勳章飾，呈西方古典形式。門廳中心頂部為鏤空藻井式圓頂，立有十二根柱子，三三一組立於一塊基座上，讓人一踏進法院就可明顯感受其莊嚴氣息。

策展內容了解台灣歷史

整棟建築有許多可細細欣賞之處，像是特殊的貓道設施，修復團隊也在修復過程中，盡量將原本結構上的各種巧思，呈現在訪客面前。司法博物館的策展也相當用心，每一期的展覽都非常有內容，讓訪客了解台灣司法制度之餘，還可從中了解許多發生在台灣這片土地上的歷史故事。

法院不遠處有棟小巧的古蹟建築，愛國婦人館，就位於莉莉水果店旁，一樓設有設計展區與紀念品店，販售臺南文化局出品與優選的店家商品，都極具臺南文化特色。另也相當推薦大家上二樓，坐在舒適的榻榻米區看看書、欣賞老建築的木製結構。

司法博物館
臺南市中西區府前路一段 307 號
09:00 ～ 17:00，週一公休／免費參觀 ／ nd1.judicial.gov.tw
貓道設施除團體預約參觀外，每日現場上午 10 時、下午 3 時各開放一梯次，每梯次 10 人，於本古蹟奉安所發放號碼牌

散策路線 美術館二館周區

臺南市美術館一館

臺南市美術館共有兩館，一館為古蹟再利用，原本為日治時期的臺南州警察署，建築由梅澤捨次郎設計（林百貨也是他的作品），於1931年完工。

由外側山牆的設計，可看出整體設計偏裝飾藝術風格（Art Deco）外牆使用土黃色的「大山形素燒十三溝面磚」，一度因警察機關統一為紅色而塗上紅漆，整修時特別將之恢復原色。且為了讓展示空間更多元，主建築體後方又增建地上三層、地下一層，透過原本的中央廊道連接起新舊空間，讓這棟古蹟再利用的建築空間感更為有趣。

中庭展示四季花卉

臺南市美術館一館共有10間展覽室，定期舉辦傑出藝術家的展覽。二樓特別設立一區展示這棟古蹟的建築特色、修復過程、與所在位置的過往歷史。剛開幕不久，林志玲在此轟轟動動舉辦婚禮，當天引來無數臺南鄉親湧至美術館看熱鬧。後來林志玲也長期認養一樓中庭的花圃區，一年四季都可在中庭老榕樹周區欣賞不同的花卉。推薦在一樓的質感咖啡館點杯飲料，坐在中庭享受美術館一館戶外區的悠閒。

中庭花圃由藝人林志玲認養照護。

臺南市美術館一館
臺南市中西區南門路 37 號 ／ 10:00～18:00，週一公休
全票 150 元，可同時參觀一館、二館展覽，一樓咖啡館為免費參觀區，可直接前往消費

散策路線 美術館一館周區

林百貨

1932年12月5日，林百貨開幕，開啟台灣文明的摩登時代。臺南人俗稱「五棧樓仔」的林百貨，是日本商人林方一投資，由梅澤捨次郎設計，1931年開始建造，位於當時素有臺南銀座之稱的末廣町區，為摩登時代的代表，也是目前僅存的百貨古蹟。

罕見的頂樓神社

外牆同樣採用十三溝面磚，共有五層樓，樓頂還設置了罕見的頂樓神社「末廣社」，目前仍保留這座空中神社。林百貨的另一項創舉是引進了現代化的電梯（台語稱為「流籠」，為臺南第一座商用電梯）與手搖式鐵捲門，當時的臺南人最愛到林百貨搭穿制服的電梯小姐服務的流籠。

1945年太平洋戰爭林百貨也受到波及，頂樓仍可看到當時遭受轟炸、掃射的痕跡。戰後林百貨改為台鹽與「鹽務警察」的辦公大樓，1998年列為市定古蹟，並於2013年修復完成，開始委外經營，讓林百貨能在81年後，以臺南文創百貨店的型態重生。

現今的林百貨找來許多文創品牌進駐，一樓為具臺南特色的食品區，二～四樓則有各式文創設計品牌，五樓為用餐區。頂樓為神社與瞭望台，可欣賞安平海邊的日落美景，成功轉型為旅遊臺南必訪之處。

五樓可以欣賞安平的景色。

林百貨
臺南市中西區忠義路二段63號
11:00～21:00
www.hayashi.com.tw
散策路線 美術館二館周區

13-7

奉茶・十八卯

昭和時期的老建築，曾為「柳下食堂」和式料亭，「老屋欣力」公益運動的先驅葉東泰先生將之整理為人文茶室，並推出以臺南古蹟命名的「首學包種茶」、「赤嵌四季春」，後來又從廟會文化發想出「文昌帝君」、「藥王」等神明茶。

臺南市中西區民權路二段 30 號
10:00 ～ 18:00，週一公休

13-8

鷲嶺食肆（原鶯料理）

日治時期的鶯料理，為臺南料理界「兩把刀」之一的天野久吉所創，是當時達官顯要應酬的高級料理酒家，素有「地下決策中心」之稱。現由阿霞飯店經營，主建築可享用新創小點，如蘋婆米糕，傳統日式庭園、別館則開放參觀，展示原鶯料理相關文物。

臺南市中西區忠義路二段 84 巷 18 號
10:00 ～ 20:00，週一公休

13-9

原臺南縣知事官邸

原為日治時期臺南縣知事的官邸，改制為臺南州後，轉為州知事官邸，同時也具行館之用，裕仁皇太子造訪臺南時即下塌於此。現為知事官邸生活館，讓人在這棟建築式樣獨特的古蹟中賞購生活設計選物，或入座典雅時尚的午茶酒吧。

臺南市東區衛民街 1 號
11:00 ～ 20:00，週二公休

13-10

山上花園水道博物館

日治大正元年興建的自來水供應設施，1982 年之前一直擔負著大臺南地區用水之重責大任。水源地內的各棟建築雖為檢驗室、濾淨水這樣的實用機能，但無論是建築本身或機材，都散發著雅緻的美感，整館的視覺設計也相當令人讚賞。

臺南市山上區 16 號里山上
09:30 ～ 17:30，週二公休

FOCUS 14

建築　藝文空間

臺南市無論是公立或私人傑出的建築與藝文空間不少，尤其還有個企業家王慶祥先生夢想在家鄉「種」出一片「藝術森林」計畫，資助藝術家成立私人美術館，像是張輝美術館、南南美術館、甘樂美術館，以及王先生自己創立的「大新美術館」等。

典雅與時尚兼具的風格。

臺南市美術館二館

臺南市立美術館共分為兩館，一館是古蹟再利用的典雅風格，二館則是全新打造的時尚建築，不僅內部空間，就連戶外的階梯、一樓的紀念品店、五樓的南美春室餐飲空間、裡裡外外的視覺設計，都潮到出水。

白色箱體堆疊獨特空間

南美館二館是由曾獲得「普立茲克建築獎」的日本建築大師坂茂(Ban Shigeru)與石昭永建築師共同設計，共有地下兩層、地上五層，規畫了17間展覽室。主體建築仿若大大小小的白色箱體錯落堆疊而成，形成許多半戶外空間，讓整體空間感變得相當活潑，上上下下階梯，總有種探險的感覺。屋頂的設計靈感則來自臺南鳳凰木細碎的葉影。此外，不只硬體設施用心，視覺設計還特別請無印良品的總設計師原研哉操刀，從外牆的美術館名稱、內部展覽廳的指標、地下停車場車格的數字，都有著純淨的美感。忠義路往地下停車場的階梯，還有一件原研哉的作品「Shadow in Motion」，這是地下室唯一自然光照得進來的地方，整座橢圓形階梯環繞著反光百葉板，光影隨觀者的移動而改變，來一場奇妙的「光」體驗。

館內空間豐富體驗

2022年新開幕的五樓咖啡館「南美春室The POOL」，以「天空公園」的概念設計，與新竹的

臺南市美術館二館
臺南市中西區忠義路二段 1 號
10:00 ～ 18:00，週六 10:00 ～ 21:00，週一公休
全票 150 元，可同時參觀一館、二館展覽 ／ www.tnam.museum

散策路線 美術館二館周區

老字號玻璃工廠合作，以回收的廢棄玻璃碎片打造生活器物，呼應坂茂建築師設計的碎形幾何屋頂與自然光影，營造豐富的空間體驗，讓顧客每次進入都有不同享受。

二館主入口右側的紀念品店Focus in Art藝術概念店，也相當值得參觀，整體空間設計概念為「時間的扉頁」，闡述藝術猶如時間的扉頁，記載著每個時代的風情樣貌，店內空間透過簡約的解構片堆疊，展現時間流動的姿態。

面向府前路的另一家藝術小鋪be art store，主要販售「藝術美好」事物，邀請多位藝術家現場創作，例如：游文富的夢幻白色羽毛、何采柔的鳥人等，集結台灣及國內外藝術家與設計師的周邊限量商品。二樓還有一家!M COFFEE，推薦可以在早上遊客還未湧進前過來，在此緩緩用早餐、靜享這棟建築的迷人氛圍。

1 2 3 4

❶ 五樓南美春室咖啡館／❷Focus in Art 藝術概念店／❸ 一個個半戶外空間，讓整體空間感變得相當活潑，甚至可舉辦市集／❹ 主體建築好似由大大小小的白色箱體錯落堆疊而成

漁光島／森初・moricasa art

與臺南市區僅一橋之隔的漁光島，原本是道沙洲，與對面的觀夕平台連在一起，後來為了方便船隻出入，開了海口，漁光島反而因此多了點與世隔絕的靜謐。

漁光島與臺南市區僅一橋之隔。

漁光島曾經因秋茂園極盛一時，後來秋茂園收了之後，也沒落了好幾十年，直到島上慢慢出現毛森江先生所設計的毛屋民宿，以及後來的漁光島藝術節，讓大家透過沙灘上、聚落裡的裝置藝術、甚至夜晚的觀星活動，再度認識漁光島的美好。

必賞美麗日落景色

近年漁光島慢慢成了大家最方便過來玩水上活動的臺南濱海區，漁光島日落更是遊客必打卡的景點之一。除此之外，島上還慢慢出現些有趣的店家，像是以古書為主的「春山外」、衝浪教學，以及偶爾在林間舉辦的漁光島市集，無論是舉辦地點、各攤位的擺設、島上的光影，在在展現漁光島獨有的魅力。此外，毛屋所創立的森/Casa品牌，一直致力於將質感生活器物引進台灣，近年還將毛屋的一棟建築獨立出來，改為預約制的森初藝廊，展售台灣及各國傑出藝術家所創作的生活藝術品。

大部分遊客來到漁光島，多是直奔海灘踏浪、看日落，很推薦大家日落前2小時抵達，先參觀森初藝廊，接著順著毛屋走，欣賞毛屋的極簡風清水模建築，隔壁為日式風格的餘光民宿，再轉往社區公園這邊，靜靜坐落在一角的小平房，是春山外古書店，書店裡多是主理人精選的書籍，很推薦愛書人進來選書（不可拍照）。

森初・moricasa art
臺南市安平區漁光路 113 號
13:00 ～ 17:00，週日、一公休，需先預約
散策路線 安平老街、漁光島

精采建築聚落

往春山外古書店後面這區聚落走，沿路還有第一屆藝術節荷蘭藝術家在民宅牆面所繪的彩繪畫，走到路口，遠遠可望見一棟帶著美國鄉村風的庭園建築，再過去則是雲濟宮旁的傳統三合院民宅，屋頂上的彩磚相當精緻，往另一側看，有棟獨特的清水模建築，側面則是庭院擺放著美麗盆栽的可愛平房。接著可往回走到雲濟宮這區，沿著宮前的道路走回森初旁的天宮壇，天宮壇的公廁，號稱五星級廁所，跟毛屋一樣是清水模建築，再以紅、黃純色點綴，夜晚看來尤其優美。

若還有時間，可到漁光島另一側的虱目魚主題館這區走走，再到防風林尾段叢林感十足的木棧道散步，走到元圓餐飲這裡吃碗鮮甜美味的海鮮意麵、酥香的蚵仔煎及隱藏版的熱炒，冬瓜檸檬與木瓜牛奶也是招牌飲品。

❶ 漁光日落／❷ 不定期舉辦漁光島林間市集／❸ 市區就有衝浪點真的很幸福，浪好隨時可奔一波／❹ 沙灘、林間、聚落放置不同裝置藝術的漁光島藝術節

奇美博物館

不用出國就可在此欣賞西洋建築與藝術。

奇美博物館的創辦人許文雄先生說道：「我的博物館只有一個精神，為了大眾而存在。」

一直有著博物館夢的許文雄先生，終於如願為南台灣建造了這座宏偉的博物館建築，從博物館建築風格、到館內收藏，充滿西洋風，讓南台灣的民眾，不用花大錢出國，就有機會接觸到西洋藝術與建築，對於南台灣民眾的藝術教育，是一個很棒的啟蒙點。

致力藝術教育推廣

目前展出的四千多件藝術品，只是一萬兩千多件收藏品的一部分，館內收藏涵蓋了動物、兵器廳、各時期的西洋畫作、系統性的提琴樂器，另還特別設置了「羅丹廳」與館外的「雕塑大道」，而「特展廳」則不定期推出國際知名藝術家特展。

奇美博物館還致力於藝術教育推廣，常舉辦不同的工作坊，甚至藉由實境遊戲，讓年輕人們不無聊的在博物館玩上大半天，有時中庭還會出現小型的快閃音樂會。此外奇美博物館舉辦的戶外大型音樂會，更是這座以珍稀樂器聞名全球的博物館，最令人矚目的活動。

二樓咖啡館目前由臺南知名的深藍咖啡進駐，提供各式早餐、下午茶套餐，博物館紀念品的文創禮品也相當用心設計。

奇美博物館
臺南市仁德區文華路二段 66 號
09:30 ～ 17:30，週三公休
www.chimeimuseum.org
提供多媒體導覽機付費租借服務

充滿趣味的天空步道設計。

14-4

十鼓仁糖文化園區

位於奇美博物館後側的十鼓仁糖文化園區，是眾多糖廠改造計畫中，相當迷人的一座。

仁糖文化園區原本為1909年日資「臺灣製糖株式會社」創立的「車路墘製糖所」，轉由台糖管理，輾轉改名為仁德糖廠。

白天夜晚皆有豐富面貌

十鼓文創租下仁德糖廠的舊廠房後，延請葉世宗建築師設計。在面對這些荒廢多年的舊糖廠廠房與設施時，決定保留原本以角鋼及鉚釘鋼構施做的結構，全新打造天空步道，再以鋼構玻璃的機械風格，穿繞在原本就存在的百年老榕樹間，既不破壞原本的地景，更增添天空步道的趣味性，並以此呼應舊機具的鋼材特色，不但保留具歷史意義的結構與機具，還營造出老而不舊，讓年輕人看了都驚豔不已的文化園區。

這麼神奇的空間，只白天來訪太可惜，更推薦夜間參觀，燈光下的舊廠房氛圍迷人，想來點刺激的，園內規畫了糖晶落體、從罐頂縱躍而下的蜘蛛人、飛天宅急便、高空彈跳，以及號稱人體海盜船的11層樓高「天空上的鞦韆」。此外，十鼓還有定時的擊鼓表演，這也讓十鼓文創成為亞洲第一座鼓樂主題國際藝術村。

十鼓仁糖文化園區
臺南市仁德區文華路二段 326 號
平日 10:00(假日 09:30)～20:20，星光購票 18:00～20:20
全票 449 元、夜間星光套票 350 元、夜間星光票 250 元
tendrum.com.tw

台灣歷史博物館

博物館外的希望之丘是許多市民喜歡來放空的地點。

台灣歷史博物館的存在，可說是台灣博物館的一個里程碑。除了不同議題的特展外，常設展「斯土斯民：臺灣的故事」的部分，則透過擬真場景，重現台灣這座島嶼的歷史演變。

從早期原住民生活、漢人冒險渡過黑水溝移民台灣、明清時期、荷蘭與日治時期、到民主社會的演變過程，讓觀者隨著展覽中的場景、文物、互動設施身歷其境，深入了解台灣一路走來的時代故事。長者走在這些場景時，都會忍不住憶起當年生活的甘苦點滴。

特色 VR 沉浸式體驗

這裡的兒童廳透過各種設施，讓孩子可以體驗蓋房子、做衣服、種稻，甚至還可聽到各時代常出現在生活中的聲音。另也搬來了整座車廂打造時光車站，透過車廂窗外的投影，帶領乘客一覽往昔的人文風景。而 VR 再現製造所則透過最新科技呈現全景擬真、多元體感的空間，讓觀者沉浸式的置身於歷史事件中，像是當你身處 1895 臺北危城事件，日軍兵臨城下，民主國士兵在街上搶劫。

台灣歷史博物館
臺南市安南區長和路一段 250 號
09:00 ～ 17:00，週一公休
www.nmth.gov.tw
全票 100 元

14-6

國立台灣史前文化博物館南科考古館

當初因開發臺南科學園區，意外發現5千年至3百年前埋藏在地底下的珍貴遺址，而開始進行考古挖掘作業。

從數十處考古遺址，掘出1,500組珍貴的文化資產，包括目前本島年代最早且最完整的人類骨骸、犬隻墓葬、炭化稻米、人面陶偶、雕刻鹿角刀柄、三疊葬等2萬餘件陶器、石器、玉器，為卑南遺址中，擁有最完整的史前聚落型態與資料，也是環太平洋及東南亞地區規模最大的石板棺墓葬群遺址。因此創立了這座考古博物館，讓大家深入了解這片土地過往的歷史與生活。館內也定時開放博物館祕室，讓民眾觀看專業考古團隊如何修復文物。

觀看專業考古團隊如何修復文物。

空間設計具豐富象徵巧思

姚仁喜建築師設計的這棟四層樓建築，以灰黑色的玄武岩、金屬板和玻璃構成。從高空看，就像一顆被剖成兩半的大石，象徵考古團隊剖開大地往下探究，並透過象徵時光隧道的玻璃管從中穿切，兩側牆面鑲嵌恐龍化石與貝殼、地面以象徵開荒闢地的碎石鋪造，意味著穿梭、交織、滲透的概念。此外，象徵過去方位與現代都市經緯度的19度角軸線交會，在外牆與博物館參訪動線，仿如是一場時空交錯的體驗。

南科考古博物館
臺南市新市區南科三路10號
09:00～12:30、13:30～17:00，週一公休
stsp.nmp.gov.tw
全票80元

14-7

離塵藝術

離塵藝術坐落於大東夜市附近的「原臺南州立農事試驗場宿舍群」，離塵藝術開幕後，我們終於有機會在這座擁有寬敞庭院、四面開窗的明亮日式老建築，恣意遊走於藝術作品間，點壺離塵精選茶，好好享受這個空間。

臺南市東區府東街 21 巷 2 號
10:00 ～ 18:00，週一、二公休

14-8

水色藝術工坊/烏邦圖獨立書店

靜立在運河邊的一棟全白色建築，前為優雅的苦楝樹、水岸邊是鳳凰樹，一樓為水色藝術工坊，定期舉辦藝術展覽、導覽、講座，二樓則為烏邦圖獨立書店，店內的主題選書越來越有趣，也常舉辦講座，為府城重要的藝文據點之一。

臺南市中西區環河街 129 巷 27 號 2 樓
08:30 ～ 20:30，週二公休

14-9

天八二藝廊

位於赤嵌樓旁的 182 Art Space，算是臺南將老屋改造為複合式藝術空間的先鋒，將米街上兩棟半百的老屋打通後，一樓前廳與二樓為當代藝術展覽空間，一樓後半部則為咖啡酒吧，時而舉辦藝術工作坊、講座、音樂會。

臺南市中西區新美街 182 號
14:00 ～ 00:00，週二公休

14-10

聚珍台灣

藍曬圖文創園區是法院宿舍群改造的文創區，許多新創文化品牌入駐。其中包括一家致力於推廣台灣歷史、文化的聚珍台灣，店內的選書、選物均與台灣文化息息相關，也常舉辦主題獨特的講座。出國需買具有台灣特色的伴手禮，來這裡就對了。

臺南市南區西門路一段 689 巷 28 號
13:00 ～ 17:00、18:00 ～ 21:00

FOCUS

15 臺南人的神學所

號稱「眾神之都」的臺南，廟宇、教堂的密度居全台之冠，無論多小的巷弄，都看得到老廟宇或小宮廟、教堂，其中包括許多歷史悠久的宗教建築，藝術價值一點也不輸博物館、美術館，相當推薦來訪臺南，也留點時間參觀這些民間美術館。

台灣首廟天壇

天壇是最可感受到農曆年節氣息的所在。

天壇主祀象徵「天」的玉皇大帝，當地居民習慣稱之為「天公廟」。由於此地為昔日府城最高處（鷲嶺之上），明鄭時期就開始在此設壇祭拜天地，後於1854年清朝時期獲官方核准設天壇。

1855年建廟，日後陸續擴建為「三進三開間」形式的眾神之所，從神格最高的玉皇大帝，至轉動著六隻手的斗母星君、分掌天地水三界的三官大帝、掌管生死的南北斗星君、天醫、灶神等生活各層面的神明，全都集結在此，可謂府城居民的信仰中心。天壇也是農曆年期間，居民習慣祈拜的廟宇，正月初九天公生的祭典尤其盛大，寺廟外圍擺滿小攤與絡繹不絕的朝拜信徒，金紙堆積如山，為臺南最具農曆年節氣息之處。此外，6月24日關聖帝君誕辰、9月9日九皇大帝誕辰，也是天壇的重大慶典節日。

觀賞重點

一字匾

進廟門抬頭往上看，即可看到那蒼勁有力的「一」字匾，此為府城四大匾額之一，也是其中最具代表性的作品。簡單的「一」字，透過書寫的力道與精神，傳達出「唯天唯地，一以貫之」的精神，另也像台灣人常說的：「千算萬算，算不到天一劃。」世間一切冥冥之中自有定數的意涵。再仔細觀看匾額，「一」字四周還環繞著一圈小字，寫著「世人枉費心機，天理昭彰不可欺……報應分毫終不爽，只爭來早與來遲。」天壇「一」字匾，與臺灣府城隍廟「爾來了」、竹溪寺「了然世界」、武廟的「大丈夫」譽為府城四大名匾。

台灣首廟天壇
臺南市中西區忠義路二段84巷16號
05:00～22:00
www.tian.org.tw
散策路線 台灣首廟天壇周區

龍柱

欣賞「一」字匾後，往下即可看到豎立於正殿兩側的「蟠龍柱」（盤柱的龍為尚未升天的龍），飛龍破雲而降，碰到底下洶湧的浪濤急轉而上，縮顎突胸的靈活神韻，令人百看不厭。

虎爺將軍

南、北斗星君神像下面分別供奉一尊造型獨特的虎爺將軍。據說虎爺是土地公的坐騎，具驅逐疫疾、鎮廟之神力，有人還相信虎爺開口即能叼來金銀財寶。

憨番

府城許多廟宇樑柱都有著外國人模樣的憨番雕像，天壇的各尊憨番雕刻尤其精采。有一說是當時台灣人民受歐洲人管治，那麼廟宇扛柱的苦勞，就由外國人雕像來擔任吧。

❶ 府城人的信仰中心，「一」字匾意為「唯天唯地，一以貫之」／❷ 造型獨特的虎爺將軍／❸ 天壇大門的抱鼓石屬於早期作品，較為細緻，飾以鏡面、螺紋浮花草、花鳥浮雕／❹ 玉皇上帝象徵無形的天（天無本相），因此通常並沒有神像，只有聖牌，祭拜天公爐

媽祖親自決定由誰負責修復金身。

15-2

祀典大天后宮

臺南的祀典大天后宮是台灣第一座官建的媽祖廟，俗稱「大媽祖廟」，原址本為明朝寧靖王朱術桂所居住的府邸，範圍包括臺南祀典武廟與大天后宮，這兩座廟宇內部原本互通。

1683年，施琅率軍來台擊敗鄭克塽，清朝為了收復民心，將寧靖王府改建為天妃宮供奉媽祖，1683年施琅又上請康熙帝將天妃晉封為天后。後來翰林海寶、徐葆光出使琉球歸來，為感謝媽祖保佑，再度上請天后宮納入春秋祀典，改為沿用至今的「祀典大天后宮」。1726年，獲得清廷頒賜「神昭海表」匾額，且自此凡是初到臺灣的文武官員都會到大天后宮參拜。

政治上具重要象徵地位

因大天后宮原為寧靖王府邸，在政治上也有重要象徵地位，像是施琅當時選擇在此接受鄭克塽投降並立「平臺紀略碑」，臺灣民主國第二任總統劉永福也短暫選擇這裡為「總統府」。

1818年4月，大天后宮曾發生一場火災，受損嚴重，1830年才完成重建。這次火災還造成大天后宮祀典無神像可拜的情況。剛好北港朝天宮完成「三郊媽」，便商請「三郊媽」暫時南下府城，府城三郊與北港三郊因而素有往來，慢慢促成府城迎（北港）媽祖的活動。

修復工程恢復媽祖原貌

2004年6月有天清晨，廟方發現正殿這座三百年前中國泉州師傅打造的泥塑金身，從胸部以上裂開並斷落地面，頭部、雙手裂成兩截，主因是神像下的水氣造成神像內部木材支柱腐朽。

祀典大天后宮
臺南市中西區永福路二段227巷18號
06:00～21:00
gtainanmazu.org.tw
散策路線 赤崁樓周區

臺南市文化局評選出的三組匠師以擲筊方式，請媽祖親自決定由誰負責修復金身，最後由臺南匠師杜牧河獲選，同時還請來日本佛像專家森純一、長澤市郎協助。修復前，媽祖神像是被香火燻黑的黑面媽祖，但據大天后宮誌記載，媽祖神像原為金面，後來也在這次修復工程中，恢復媽祖原貌。

大天后宮為四進建築，從正門進去依序是三川門、拜殿、正殿與後殿，右側建物依序為門廳、三寶殿與觀音殿。正中間為天上聖母（媽祖），從祀千里眼、順風耳，左側為臺南水仙宮的鎮殿神像，日治末期水仙宮後殿拆除後，鎮殿神像移至大天后宮寄祀，右側則為四海龍王的神像。後殿主祭祀媽祖之父母兄姐、寧靖王。

1 2

❶ 一般廟宇門上皆繪有門神，而大天后宮為了顯示天后的尊貴，不繪門神，改以門釘裝飾／❷ 修復後的泥塑媽祖像

台灣祀典武廟

祀典武廟約建於1665年，「重簷歇山」式屋頂與長66公尺的朱紅山牆，是府城最優美的古蹟建築之一。

尤其從永福路與民權路口往武廟看，紅牆與後面赤嵌樓的高大椰樹，搭配臺南常有的藍天白雲，是最迷人的府城風景之一。相傳廟內有一棵明寧靖王朱術桂親手種下的老梅樹，梅樹前的六和堂也是全台灣最早的幼稚園。

矚目文物「大丈夫」匾額

武廟建築共分前殿、拜殿、正殿及後殿，後殿右側為觀音廳、西社與六和堂。這是台灣最早的關帝廟，也是當時官建的祀典廟宇之一，主祀正氣凜然的關聖帝君，左右陪祀周倉和關平，普稱為「大關帝廟」。

廟內最受矚目的文物包括被列為府城四大匾額之一的「大丈夫」匾額，此為西元1791年道臺楊廷理所題，簡簡單單的三個字，道出關公所代表的精神。另還有咸豐皇帝所賜的「萬世人極」御匾。武廟中的昌帝君，也是臺南香火最鼎盛的神明之一，考試前考生會特地前來祈拜考運順利。祀典武廟的月老也在臺南人氣神明Top 10排行榜中。

武廟裡的梅樹據說是寧靖王親手種下的。

台灣祀典武廟
臺南市中西區永福路二段229號
05:30～21:00

風神廟

全台唯一祀奉風神的廟宇。

位於神農街不遠處的風神廟，是全台唯一祀奉風神的廟宇，也是府城七寺八廟之一，中央主祀風神，兩側則是一青一紅的水神與火神，神案兩側為罕見的雷公與電母。

這座廟宇建於1739年，當時的所在位置是大西門旁南河港邊，中國渡海來府城的官員，都會在抵達港邊的接官亭後，先入廟祭拜風神，感謝神明一路的庇佑。廟內兩側的壁畫，可一窺當時廟外的地景風貌。

細緻打燈呈現神聖氛圍

風神廟這棟巧緻的建築特別惹人喜愛，雖是廟宇，卻仿如一座溫馨的三合院民宅，再加上近年光之廟宇計畫，特請國際燈光大師周煉設計，整座廟宇呈現一種靜謐的神聖氛圍，相當推薦大家逛過神農街後，順路過來拜訪夜間的風神廟。且除了建築本身，廟外還有一幅許荷西畫家所繪的風神，主要靈感來自風神是二十八星宿中的箕星，據傳風神心情不美麗時，就會吹起大風，風神旁邊還有隻象徵風神的箕水豹。仔細看這幅畫，會發現輪廓的線條是以特殊的連斷手法繪製，而風神衣服的部分，則採潑墨滴流，繪出一塊塊不同的色彩拼接而成。

風神廟
臺南市中西區民權路三段 143 巷 8 號
06:35 ～ 21:00

法華寺

欣賞巧緻的庭園造景。

法華寺與竹溪寺、開元寺、彌陀寺並列為四大古剎，位於臺南大學、五妃廟不遠處，即使是現今，仍是一處僻靜的所在。

這裡曾是鄭成功時期的參軍李茂春的故居，他跟隨鄭經來台定居後，選擇落腳於此築園隱居，盡心念佛修行，又有「李菩薩」之稱。

欣賞精細壁畫庭園

李茂春與文人將軍陳永華是好友，陳永華取莊周夢蝶之意，為這座宅子題名為「夢蝶園」，並將自己所作的「夢蝶園記」刻在碑上贈與李茂春，目前仍可在園子裡看到這座碑文。雖然後來因天災與戰爭，法華寺部分建築毀壞，現在仍有點年久失修的感覺，但佛寺裡巧緻的庭園、古樸的木結構與壁畫，依然可感受到自最初的夢蝶園承繼下來的一份雅風，每每在迴廊、園間散步，總有種回到古時的感覺。

寺內還可看到廟宇彩繪大師潘麗水的作品，像是天王殿的門神、山牆上的「莊周夢蝶」、「達摩九年面壁」等壁畫。逛完法華寺還可到法華街上的和喫鬆餅吃個小圓狀的美味鬆餅，或到露露麗麗品嘗法式甜點。

另一位臺南重量級傳統藝師蔡草如，在開元寺繪有代表作之一的韋馱、伽藍及四大天王。另在赤崁樓旁的開基靈佑宮，還繪有最精采的三十六宮壁畫。

法華寺
臺南市中西區法華街 100 號
08:00 ～ 17:00
散策路線 臺南大學周區

普濟殿

普濟殿是臺南府城最早的王爺廟，最初建於1686年，原主祀觀音菩薩，據傳有位同安人借宿後，池府千歲神像因故留祀於此，後來香火日益興盛，池府千歲也就成了主神。

寺廟壁畫賞景重點

相傳池王爺是泉州府同安縣馬巷村人陳文魁，碰巧看見瘟疫神降毒至池水中，為了怕鄉人飲用，親自試喝池水以救鄉人。寺廟外的壁畫，為許荷西所繪的池府千歲威靈王。據傳整座府城形似鳳凰，因此稱為「鳳凰城」。為了怕鳳凰飛走，特別在風水八卦網中的「蜘蛛結網穴」建廟，也就是普濟殿的位置，並在廟宇四周開設八卦網般的街道，來留住鳳凰，以保府城繼續興旺下去。

寺廟精采的壁畫不要錯過。

1 2 3

❶ 據傳普濟殿位於風水八卦網中的「蜘蛛結網穴」／❷ 普濟殿主祀親自試毒水救鄉人的威靈王池府千歲／❸ 普濟殿文化基金會每年農曆年舉辦的燈會，成了市區最受矚目的燈會地點

普濟殿
臺南市中西區普濟街 79 號
06:00 ～ 21:00

臺南共有四大月老，且各有所長，分別為：臺南大天后宮(緣粉月老)、臺南重慶寺(醋矸月老)、臺南祀典武廟(拐杖月老)、臺南大觀音亭(闊嘴月老)。

大天后宮月老祠
(緣粉月老)

大天后宮的月老案前會擺胭脂水粉，因其諧音，素有「緣粉月老」的暱稱，單身者來參拜求得紅線，帶在身邊直到紅線自然消失時，就是緣份到的時候。初次來參拜者，建議先從主神開始插香拜一輪、奉上金紙，再向月老求籤，連擲 3 次，筊杯一正一反代表「聖」、兩面都正則是「陽」、兩面朝下是「陰」，連擲 3 次，記下聖、陰、陽的順序，再到籤詩櫃取籤詩。

台灣祀典武廟
(拐杖月老)

武廟主祀大丈夫關公，武廟裡的月老同樣正直剛毅，以手中的拐杖來斬掉複雜的孽緣。若是已婚者可擲筊求得聖杯後，拿紅線與緣粉。單身者除了可來此求正緣，將自己的個人資料跟月老報告即可，不需拿紅線。

大天后宮月老祠
臺南市中西區永福路二段 227 巷 18 號
06:00 ～ 21:00

台灣祀典武廟
臺南市中西區永福路二段 229 號
05:30 ～ 21:00

Cupid

臺南重慶寺

(醋矸月老)

屬臺南七寺八廟的重慶寺，原本位於現今的葉石濤文學館，後來往後遷移至目前位址。這座靜謐的單落建築，為臺南罕見的藏傳佛教白教噶瑪噶舉的道場，主殿供奉釋迦摩尼佛、菩薩、以及專事「勸復合」的月老，神像前方有鉛粉與紅線供信徒乞求順利「牽緣」。主桌側面還有尊速報司神，前面放置一甕醋缸，只要「順時鐘」攪 3 圈，就可以求百年好合，「逆時鐘」攪 3 圈，則是祈求對方回心轉意。

臺南大觀音亭

(闊嘴月老)

大觀音亭主祀觀音菩薩，這裡的月老嘴巴特別大，很會說媒，適合想結婚、但還沒有對象者。拜拜時，告知自己的資料與期望對象的條件，接著只要擲出一個聖筊，就可以拿取姻緣紅包袋。同樣將裡面的紅線隨身攜帶，哪天紅線不見時，就表示已經幫你牽緣份來了。

臺南重慶寺
臺南市中西區中正路 5 巷 2 號
07:30 ～ 18:00

臺南大觀音亭
臺南市北區成功路 86 號
05:00 ～ 21:00

臺南神學院

1869 年馬雅各醫師與李麻牧師在臺南府城與高雄旗後設立「傳道者養成班」，1876 年巴克禮牧師，將這兩個機構合併。

禮拜堂是巴西利卡式建築。

目前的校址古稱「崙仔頂」，原為清朝勢力最大的北郊蘇萬利家族的宅邸與花園，1874 年由甘為霖牧師與德馬太醫生先後買下花園、宅邸與周區土地，1878 年長老教會「臺南教士會」決定在此創建神學院，1880 年巴克禮牧師將傳教者養成班遷至此，並成立府城大學。

充滿歐風的建築特色

台灣割讓給日本後，當時的院長巴克禮牧師仍要求學生學習羅馬字，並使用全台語上課。目前這些帶著歐風的校舍建築是 1903 年才建造的，1948 年正名為「臺南神學院」，2017 年獲教育部正式核准設立「台灣基督長老教會南神神學院」，主要著重於培養神學、音樂、社工專業人才。

校舍中最受矚目的為 1903 年日治時期翻建原校舍的「原臺南神學校校舍暨禮拜堂」，禮拜堂則是 1952 年接受美國金陵基金會的贊助才建造的。本館正中央的屋頂設計了哥德式小尖塔，窗戶為尖拱窗。禮拜堂的建築形式屬歐洲常見的長方形巴西利卡式建築，入口上方設有玫瑰窗，內部空間以左右兩列圓柱隔畫出中殿與兩側的通廊。

臺南神學院
臺南市東區東門路一段 117 號
08:00 ～ 17:30，週六、日不開放
校舍的部分平日上課期間校園不開放，假日才開放參觀
散策路線 成功大學周區

FOCUS

16 這裡很臺南

難得來臺南，當然要造訪幾個很有臺南風情的街區，說不定走著走著，也不自覺融入在地的生活步調，悠悠哉哉，這裡坐坐、那裡聊聊。

安平巷弄

安平老街「延平街」是台灣第一條街。

安平舊聚落原本是西拉雅族居住的區域，荷蘭人來了之後，從當地住民口中得知此地名為Tayouan(大員)，叫著、叫著，就成了後來整個「台灣」的名稱。鄭成功趕走荷蘭人後，為緬懷鄭氏王朝在泉州的所在地，才改名為「安平」。

阿美螃蟹粥

荷蘭人登陸大員後，打造了熱蘭遮城，並在城堡外規畫了三條街道，第一條即為主要街道延平街，接著是稱為「新街」的效忠街，又稱「石板街」，最後則是位居最北的「北街」，現在的中興街，又稱「磚仔街」。

街弄保留昔日風情

逛安平老街時，可能會覺得老街怎麼一點也不老，其實，安平老街「延平街」是台灣第一條街，1994年時，因居民覺得街道太小出入不便，要求市政府拓寬街道，然文史學者卻力爭保留原貌，後演變為「延平街事件」。最後仍以拆除老建築落幕，所幸，延平街後面的中興街、效忠街仍保留得很好，想一窺真正的老街風情，可往後面的街巷鑽。

建議由安平市場旁的墨樂咖啡及植得其所這邊往對面的中興街走，首先會看到一座美麗的花棚，法國老闆開的迷人咖啡館 La Belle Maison Cafe 也在這區。繼續往前走到海山館，面海山館，往左側的小巷走，轉進第一條小巷，即為兩旁開滿胭脂花的小巷，安平最可愛的小獅子就在這條巷子的老屋屋頂。走出小小巷，往右轉會看到一片廢墟，廢墟大門上的劍獅名為「雨漸耳」，具驅鬼避邪的功力，據說是安平法力最高的劍獅。走進廢墟，往後面的聚落走，這裡有棟極為迷人的老屋，

老屋旁的小廟埕，則是刻繪著劍獅與大船的美麗照牆。這邊的小巷還有家晚安小藝廊，斜對面為悠閒自在的佇這生活小藝廊，晚上也可到安靜的老街看展。

老街區外亦有美食美景

走出老街區，安平樹屋前的西門國小，是當時的渡頭。有時間推薦進安平樹屋逛逛，特色的鏡面設置，讓廢墟的整體面向虛虛實實，更為豐富有趣！

這區的吃食行程建議早上到安平市場吃海鮮粥或阿美吃螃蟹粥，或者法國咖啡館吃早午餐，下午到小島飲刨吃冰、優美的驢子布朗尼專賣鋪、或療癒系戚風蛋糕專門的墨樂咖啡，再到植得其所逛逛植栽盆器，晚上可吃阿財牛肉湯、妙壽宮邊的海產攤或芙蓉食堂。

❶ 加上鏡子的樹屋，整個空間感更有趣了／❷ 老街區最可愛的小獅子／❸ 安平港／❹ 安平老街白天遊客如織，一入夜就乏人問津，附近商家於是聯合辦了夜間市集活動，讓大家有機會來體驗老街的夜

府中街／開山路／孔廟周區

迷人的夜間散步路線。

建議下午時四、五點從孔廟開始走起，孔廟正門對面的府中街，幾乎是所有遊客初次到臺南必訪的街道。

府中街口有座古老的「泮宮石坊」，這裡原本是孔廟最外面的出入口，乾隆年間重修孔廟時，特別請石匠雕製牌坊，再運回臺南組裝起來。但日治時期開闢了目前所見的南門路，許多人反而不知道，原來這座石坊原是孔廟的一部分。

巷弄佈滿特色餐飲店

建議可往有趣的窄門走，窄門旁是府城最具特色的書窩「艸祭Book Inn」青年旅館，另一側的二樓則是窄巷咖啡館，想走進咖啡館，得先通過窄小的入口才得以進巷上樓。沿著小巷繼續往前走，出巷後左轉為主祀廣澤尊王的「開基永華宮」，這尊神是鄭成功時期，由陳永華將軍自福建南安鳳山寺隨軍恭迎來台，一直由陳永華將軍負責奉祀，將軍過世後，為感謝這位文人將軍對文化教育的貢獻，將此廟改為永華宮。相當推薦大家在廟宇普渡時過來看看豪華的普渡大餐，各種高級台式料理，魚翅、鮑魚、烤乳豬只是基本菜色，連鱷魚頭都上桌才威了！

接著可往回沿巷子轉到開山路122巷「移動的鍋子」，這是目前臺南最熱門的甜點店之一，再

繼續沿 122 巷走到巷底的堯平布朗尼，可買到口味獨特的布朗尼組合，包括特別的辣椒口味。122 巷底的馬公廟，原本的廟門為潘麗水所繪製的二十四節慶，推薦入廟欣賞廟內收藏的復刻版作品。

迷人的夜間散步路線

六點一到，即可入座廟埕上的葉家燒烤享用廟埕上的美味晚餐，吃飽喝足後，走到府前路一段，對面的台灣銀行外牆由鏤空布幣裝飾而成，其中有個布幣是倒過來的，表示錢到了，可以找找看到底藏在哪裡。

找到後繼續往莉莉水果店，來盤餐後水果或果汁，再往孔廟的方向走，夜燈映照下的孔廟老建築、美術館一館、優美的台灣文學館、巧緻的葉石濤紀念館，一直到現代的美術館二館，以及典雅的林百貨，會是一趟迷人的夜間散步路線。

16-3

中正路 國華街商圈

感受老城商圈活力。

中正路算是府城的軸線，這一帶清朝時期為商業門戶五條港區，後來日治時代發展為有著「銀座」之稱的末廣町通。

當時台灣最大的市場西市場、淺草商場、戲院都集中在這區，戰後仍是大家採買服飾、布料等生活用品的主要商圈，以往漁船還可開進中正路尾端，現在的河樂廣場旁仍保留以前拍賣漁獲的魚市場遺址。

打造臺南文創大道

1963 年運河旁的合作大樓落成，為當時最高、最具規模的複合式商場，接著 1983 年又有中國城加入，這之後的十年間，可說是中正路商圈的全盛期。可惜 1993 年海安路地下街開始動工，因工程延宕太久，導致整個商圈逐漸沒落。2013 年之後，合作大樓、中國城陸續拆除，市政府開啟「府城軸帶地景改造計畫」，河樂廣場一帶將與安平運河、安平港結合，回歸府城迷人的落日大道，並聯結起林百貨、戎館、海安路藝術街等街道景點，打造「臺南文創大道」。

新舊特色小吃餐飲雲集

推薦由重新整修的西市場開始逛起，接著轉往日治時期的木造劇院戎座，也就是目前的戎館，現由黑橋牌進駐，店內還販售以在地食材創作的有趣伴手禮。出來後，可到對面的亞米買條肉桂甜甜圈，再往中正路巷內的惟因唱碟找音樂、錦源興看展買印花文創商品，接著繼續往前走則是越來越受年輕遊客喜愛的「年繡花鞋店」，買好鞋轉往小屋裡的喫茶店「また明日」(mataashita)

吃甜點，這區小有日本街巷的氛圍。

或者到國華街、友愛街口的白糖粿，當然還有隔壁甜滋美味的東山鴨頭，轉往小巷則有夫妻樹旁的蒜頭麵攤。若是用餐時間，則可到羊城小食店這家老店吃招牌油雞，這可是以往過年時，府城人最熱門的年菜之一，雖然現在店面已經老舊了，但油雞依然做得不錯。或者到阿財點心享用傳統小點香腸熟肉。

最後可轉回熱鬧的正興街與淺草廣場，週末固定有小市集，以往在大菜市裡的熱門攤家移至正興街附近新規畫的區域。回顧這區的歷史軌跡，明顯感受到城市規畫與商圈持續不斷轉變，就讓我們靜觀府城歷史將如何一頁再翻過一頁吧。

1 2 3 4

❶ 因遊客的來訪，原本逐漸沒落的老產業，也有了第二春／❷ 年繡花鞋店／❸ 窄小老屋裡的喫茶店「また明日」，老階梯的線條好優美／❹ 這區小巷走走，總會發現你自己的臺南風景

蝸牛巷

共藏了三十多隻蝸牛，都找到了嗎？

蝸牛巷是近年新興的巷弄區，名字取自臺南文學家葉石濤的小說《往事如雲》。

葉石濤先生在書中寫道：「在這蝸牛巷巷頭買了老屋居住，貪的是這巷路位於府城西門町最繁華熱鬧的「宮古座」戲院後頭，是鬧區中幽靜的山谷的關係。」葉老的木造故居就位於蝸牛巷（民生路一段157巷25號，現仍存在）。

適合親子賞玩路線

尋訪蝸牛巷，可由永福路花旗銀行旁的小巷進來，或由另一頭西門路的沙淘宮進來，中正路這一側則可從60+茶店進來，民生路入口是冰鄉對面的小巷，也就是籠裏酒吧或義發老豆腐店這條巷子。

蝸牛巷各角落藏著三十多隻蝸牛創作，最適合帶小朋友過來尋找蝸牛。再到哈利漢堡吃個美味的手工漢堡與優質奶茶，或Magic Monkey喝杯悟空活菌茶，晚上還可到老屋改造的籠裏酒吧Bar Lonely。

蝸牛巷靠近小豪洲沙茶爐這頭，有棟美麗老房子「蝸牛市吉」，招來不同類型的商家，有點像是固定的優雅市集。靠近真善美戲院這邊還有家布咕選物店，可找到些優質生活器物。若再往民生路裕成水果店後面小巷走，可來到Peko Peko優雅老屋早午餐店，同一條巷子還隱藏著專門製作迷你刀具的老得木雕。

神農街

晚上的神農街特別迷人。

仍保留兩層樓老木屋建築的神農街，是遊客來臺南必訪之地，因神農街的所在位置非常特別，位處於五條港的南勢港北側，原本稱為「北勢街」，街的一端是藥王廟，街中有金華府，另一端則面對著水仙宮。

若說中正路商圈是日治時代及戰後的主要商圈，那麼五條港區，也就是現在成功路以南、中正路以北、大井頭（民權路、永福路交接口）以西，臨安路以東這個區域，則是這之前的商業中心，因當時商業貿易仍以船運為主。

參觀潮店、美術館

推薦早上先到水仙宮市場，以及國華街、民族路口這區吃逛之後，走到對面的神農街，先參觀擠身於神農街街屋之間的金華府，這座老廟是在五條港碼頭工作的苦力集團集資建造的，供奉他們從家鄉泉州晉江帶來的關帝爺，目前仍維持原本的古樸樣貌。繼續往前走則會經過潮店Belonginn、小日子、太古小酒館，最尾端是主祀藥王大帝的藥王廟，因這區曾是中藥交易中心。

還有時間的話，可切到金華路，這一段集聚許多在地小吃，或繼續往飛魚美術館走，再轉至信義街、兌悅門探訪巷弄小店。

「**大大武花大武花**」是所有臺南人朗朗上口的一週夜市口訣，因為臺南夜市每天都在不同地點開張，許多攤家也會隨著這樣的文化，週一在大東夜市、週三在武聖夜市、週四花園夜市。

花園夜市

臺南最著名、最具規模的花園夜市，許多新創的吃食會選擇由此起家。花園夜市經典不敗的攤家包括京典酵素臭豆腐、二師兄古早味滷味、統大炭烤香雞排、東洲黑糖奶舖、谷泉老闆的章魚燒、四草蚵仔煎等。

花園夜市
臺南市北區海安路三段 533 號
每週四、六、日 17:00 ～ 00:00
設有免費停車場

大東夜市

同樣好逛，是以前遊客較少的夜市，不過近年部分想避開人潮的遊客也湧向大東夜市。著名的攤位另還包括歐とう桑蒜香烏龍豆干、膳品香酥排骨、陳記麻辣鴨血、南台灣地瓜球等。

武聖夜市

其他夜市著名的攤家這裡也幾乎都有，另還有蚵男本舖、三輪車大腸包小腸攤、阿堯師雞蛋糕，不過最大的特色是兒童遊樂攤家特別多樣，竟然還有座規模不小的射箭場，是最適合親子同遊的夜市。

大東夜市
臺南市東區林森路一段 276 號
每週一、二、五
建議騎摩托車過來，附近不好停車

武聖夜市
臺南市中西區武聖路 69 巷
每週三、六
設有免費停車場

自強街

17 世紀即已存在的歷史街道。

自強街，舊名為「大銃街」，位於古城的小北門一帶，現今臺南的主要幹道西門路，為當時的「小北路」。

17世紀末明鄭時期將府城規畫為東安、西定、寧南、鎮北四坊，過坑仔街（總爺街）與水仔尾街（大銃街）就是當時的鎮北坊。1788年林爽文事件後，趕緊將原本「水仔尾街」的莿竹城牆改為較堅固的磚造牆，並在小北門上設置小型砲，當時的人沒見過這種武器，以為那是大槍（大銃），後來便改名為「大銃街」。

好水質創造出美味豆花

這條自17世紀即已存在的街道，為城外農民進府城必經之道，慢慢成了五穀雜糧、打鐵鋪、農具店的主要交易區。而五穀雜糧中的豆類，也是當時的主要商品，據說這區的烏鬼井水質極佳，因此早期豆腐、豆花店林立，這個街坊的「無名豆花店」，現今仍賣著古早味豆花。靠近成功路的開基天后宮，是台灣最早的媽祖廟，供奉的媽祖像是隨鄭成功艦隊渡海來台，俗稱「船仔媽」。為了與赤嵌樓前的祀典大天后宮「大媽祖」區分，大多稱此為「小媽祖」，且當時的所在位置是德慶溪口，一般又稱為「水仔尾媽祖廟」。

FOCUS 17 巷弄裡的手工藝匠

臺南巷弄裡，除了美食咖啡館外，也藏了許多民間高手，默默在自己的工作室裡進行著各式各樣的創作。

選個自己喜歡的器皿回家。

青青土氣

每次到西寧街巷弄散步時，總會看到街坊的孩子快樂跑跳玩耍，而在如此臺南日常生活氛圍的老街區裡，靜立著一棟名為「土樓」的兩層樓建築，結合了青青土氣、沼澤甜點與Somefood &Something Else攝影工作室，由這三個都與食物器皿相關的團隊，共同分享這個大空間。

仔細欣賞這棟老房子，天花板的雕飾、老木窗，都極具美感，青青土氣進駐後，基本上就是將遮掩住美麗細節的部分去除，盡量整理出通透、好運用的教學與展覽空間。有時過來看展或經過這區巷弄時，總會看到教室裡學員專注做陶，深覺得臺南有這樣的空間，真是福氣。

陶藝課程吸引同好

青青土氣的主理人也提到，青青土氣之所以是現在的青青土氣，也是因為創立在臺南，能以南台灣悠閒的步調與人交流，人與人接觸間自然產生的那份濃厚人情，會讓大家想互相幫助，促使彼此有更好的發展。青青土氣可說是一群人與這塊土地互饋產生的美好成果吧。

青青土氣的創辦人利庭芳陶藝家與主理人余欣宜，一開始創立這個空間主要是覺得陶瓷創作的學生需要設備與空間練習，另也希望透過基礎陶藝課程，讓各領域的人，無論是工作之餘想轉換心情、亦或對陶藝創作有興趣者，都有機會較完整的接觸陶藝，進

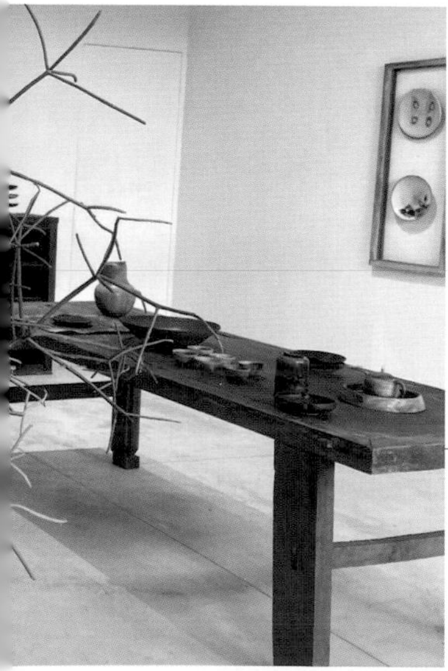

青青土氣
臺南市中西區西寧街 28 號
12:00 ～ 19:00

1 2 3 4

❶❷ 青青土氣位於好臺南日常的街區／
❸❹ 青青土氣一樓為展售區、陶藝教室

而更懂得欣賞其中的藝術價值，讓陶質器皿慢慢走入生活日常。而他們自己則意外因這樣的空間，有機會與不同專業人士交流，激盪出更寬廣的陶藝創作能量。

推廣藝術家創作品

更棒的是，利庭芳老師畢業於南藝大應用藝術研究所陶瓷組，這個系所常有各國的藝術家過來駐校創作，他們也與南藝大合作，提供青青土氣的場地展覽並協助推廣這些藝術家在臺南的創作，讓更多人有機會欣賞他們的傑出作品。而幸運的府城人即使生活在南部小城，也同樣有機會接觸不同文化孕育出來的藝術結晶。

此外，一樓的陶藝原創作品展售空間，多為學員的創作或者曾在此展出的藝術家收藏品，其中以生活器皿為主，大部分作品的價格都算好入手，且風格各異，推薦大家到臺南玩，也可過來這裡選個自己喜歡的器皿回家。

結合台灣生活文化的設計。

17-2

錦源興百年布行

創立於1923年的錦源興布莊，原名「錦源興染物工場」，第一代創辦人張相先在迪化街當學徒，後來落腳臺南市永樂町二丁目，也是現在的神農街。

開始進口布料、染整、零售批發，穩定發展為日治時期台灣南部地區唯一登錄的染布商行。戰後商店改名為棉布織造批發單位「錦源興商行」，仍是當時南部的主要布料供應商之一。然而後來仍不敵消費型態的改變，於2012年歇業。

新創台灣文化設計產品

誰知百年後的今日，家族第四代出了位有抱負的青年楊子興，獲得家族長輩的同意後，著手整修國華街巷內這棟六十多年的老房子，並認真採訪家族長輩、搜集史料，慢慢拼湊出錦源興的歷史，進而重新定義錦源興文化，透過自己的設計專業，推出新的錦源興產品設計。將這棟每層樓約只有4坪大的空間轉為一樓的「錦源興布莊」、二樓的「錦源興生活」、與三樓的「錦源興空間」。

楊子興的設計與台灣的生活文化緊密結合，像是臺南著名的烏魚子、三月在臺南隨處可見的黃花，以及台客代表商品藍白拖、蒼蠅拍、珍珠奶茶，都融入印花布設計中，而且這些可都有其特別的意義在，以藍白拖為例，這是美援時期，以中華民國國徽的顏色設計而成的，他希望印花不只是印花，同時也詮釋出台灣文

錦源興百年布行
臺南市中西區中正路209巷3號
10:00～18:00，週一、二公休

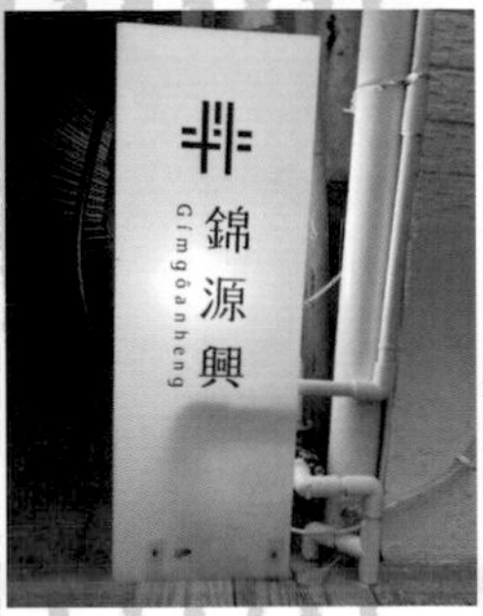

化。錦源興的產品還堅持台灣設計、台灣生產，常與在地老工藝異業合作，像是錦源興的花布與草帽或傳統旗袍結合。

受歡迎特色印花設計品

老屋的一樓可選購各種錦源興出品的印花設計產品，如提袋、紙膠帶、徽章、筆記本等實用的生活小物。二樓則販售成匹印花布，供大家買布回去DIY製作不同的產品，或是單純框成一幅掛畫。三樓最明亮的空間，特別規畫為藝文展出空間，並以「錦源興藝文獎助計畫」的模式，與新銳藝術家合作，提供他們免費的展覽舞台，協助設計展覽刊物、行銷。一個營業的空間，能夠放大做更多元、更有意義的運用，有這份美麗的心做後盾，相信會讓錦源興再穩穩立足個百年。

1 2 3 4

❶❸ 錦源興將各種台灣生活文化元素融入印花布設計中／❷ 主理人曾說，Logo 初看是編織的經緯線，裡頭卻藏著「興」的簡寫、一個驚嘆號，與家族信仰的十字架／❹ 明亮的三樓為新銳藝術家的展覽空間

好一點野花器

原本從事商品攝影的好一點工作室主理人小芭，因緣際會之下開始研究蠟燭製作，在研究的過程中，總是希望成品能再好一點，因此將工作室取名為「好一點」。

風神廟側面小巷的老平房工作室。

做了蠟燭之後，發現蠟燭需要燭座，於是開啟做陶之路，後來又因為自己長跑野外，對於野花草相當有興趣，而延伸出野花器創作。

野花器風格純淨有溫度

好一點的野花器，造型與細節處理得美又純淨。由於野花草較為細小，因此野花器的尺寸都相當迷你，方便帶到野外、溪邊沿路隨摘隨插，小芭從在野外插花的經驗中，越來越了解使用上的需求，因此好一點的野花器在一些看不到的細節上，隱藏了些細心的設計。像是底部做了相對的凹槽，讓野花更能固定在想要的位置上，有些則是多囊孔或側面開孔，讓小小的野花器，同樣可以呈現出豐富的花藝變化。

小芭提到，透過野花插飾，更懂得欣賞生活周遭的事物，日常散步也變得更為有趣，進而關注原生種與外來種對生活環境的影響，透過野生動、植物的觀察，逐漸了解生態多樣性的重要。

ALBSTUFF 好一點手作事物
臺南市中西區民權路三段 143 巷 37 號
albstuff.com
可透過其 IG 或臉書預約參觀
散策路線 神農街、信義老街區

17-4

隆興亞鉛

一九六〇年代時，各種農耕器具或是畚箕這類的生活用品，多是亞鉛製的，直到一九七〇年代成本較低、較輕的塑膠興起，亞鉛製品才逐漸沒落。

所幸新美街的隆興亞鉛仍願意堅持下去，甚至現在也接到越來越多新創商品的單子，例如位於永樂市場二樓的香蘭男子電棒燙，本著老手藝不能失傳的理念，與隆興合作製作實用、新一代人願意購買的亞鉛製品。

致力保留傳統老手藝

亞鉛是日文發音，中文是鍍鋅鋼板，鐵片為其本質，表層再上一層鍍鋅防鏽，也較為美觀。以前之所以會如此盛行，主要是亞鉛製品不怕碰撞變形，也堅固不易破裂。新美街隆興亞鉛店已創立超過一甲子，第二代老闆蔡東憲從小就跟在父親身邊學習如何繪製的產品展開圖、剪裁、組合起各部位、焊接技巧。幾十年來，堅持手工製作，像是水桶底座仍採燒炭銲錫的方式，現在全台灣已經很少人這麼做了。目前最為暢銷的產品為水桶、澆水器，有些客人也會下單訂製花器、收納盒等商品。

最受歡迎的澆水器與水桶，堅持手工製作。

隆興亞鉛
臺南市中西區新美街 148 號
09:00 ～ 22:00，週日公休
散策路線 赤崁樓周區

永川大轎工藝

神農街靠近藥王廟這段，有間規模宛如小工廠的工作室，每次經過都可聽到裡面敲敲打打的聲音，這是台灣罕見的神轎工作室。

台灣許多廟宇神明乘坐的文轎、武轎、頂下桌、太師椅、合桌、佛椅等，都是永川出品的。雖然近年中國進口的神轎也不少，但永川製品的品質保證，仍是許多廟宇的首選。

永川製品，是許多廟宇的首選。

精準手工組裝技術

永川大轎是由王永川師傅創立的，跟在父親身邊學習木作技術後，開始在神農街租屋做代工，名氣也慢慢打開來。後來又有了「做轎子給神明坐」的想法，但因日據後期的皇民化運動，許多廟宇文物被破壞及禁止，需靠自己重新摸索出神轎的製作方法。從選料、設計稿、雕刻、作榫、組裝修飾與上漆等一整套繁複的工序，每個步驟都馬虎不得，像是細部的雕刻、榫頭和榫孔的製作等。因神轎都是以榫接的方式組裝各部分零組件，且一頂轎子大概有一、兩百塊組建需拼裝，不是專業團隊，根本做不來。王永川師傅過世後，目前由第二代王政雄先生接手，第三代也開始加入團隊，工作室特別整理一個展示空間，展出王永川先生的作品，與神轎製作的各種工具。

永川大轎工藝
臺南市中西區神農街 130 號
08:00 ～ 18:00，週六、日公休
散策路線 神農街、信義老街區

17-6

義發老豆腐店

傍晚從民生路或真善美戲院這一側走進蝸牛巷，總會聞到義發老豆腐店飄出的豆香味。這家純手工的豆腐店，專賣豆腐、油豆腐、豆干、豆漿，已在府城飄香70年。

老派，是府城迷人日常的一部分。

雖然家族其他分支已經開始採用較省時的機器製作，但義發的第三代掌櫃，仍堅持延續上一代的手工製法，每天現煮豆漿，再將之裝箱、壓製成板豆腐、油炸成油豆腐，許多老店仍指定使用義發的手工豆腐，跟機製的口感就是不同。

手工製作飄迷人豆香

每次經過義發都覺得這裡就像一座生意興榮的小工廠，忙碌的工作人員穿梭在飄著熱煙的工作區，傍晚鐵門一拉起，老客人陸續上門買豆漿，一大包又香又濃的豆漿才25元，也有客人習慣自己帶著鍋子過來裝豆漿。晚上豆腐、油豆腐陸續做好開賣，不同時間可買到不同商品，這種老派的做法、老派的購買方式、老派的口感，都是府城迷人日常的一部分。

義發老豆腐店
臺南市中西區民生路一段181巷15號
16:30～22:00，週日公休

17-7 小鬍子/昭安/東來理髮廳

副總統賴清德的中分頭與豬哥亮的馬桶蓋頭，都是出自這家髮廊的李全福師傅之手，現由兒子接手，繼續為大家打理清德頭。如果想體驗剪髮、修容、掏耳、按摩甚至現磨小黃瓜敷臉的整套超值服務，則可往新美街的昭安理髮廳，或成功路的東來理髮廳找，絕對讓你體驗到老派的理髮服務。

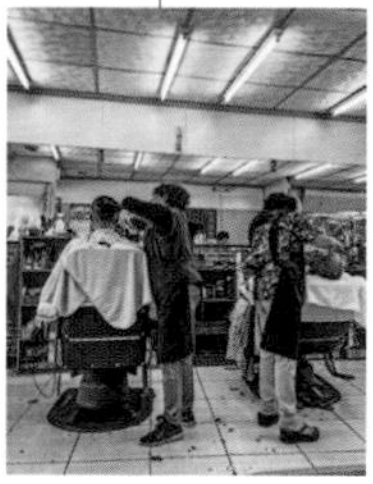

小鬍子理髮廳
臺南市南區文南一街 42 號

昭安理髮廳
中西區新美街 9 號
09:00 ～ 21:00

東來高級理髮廳
臺南市中西區成功路 63 號
09:00 ～ 19:00

17-8 興成木器雕刻處/永興木器雕刻店

永興木器彫刻店於日昭和3年(1928)由陳添丁所創立，第二代的陳文欽與陳良吉兄弟接手後，全盛時期店內曾有11位的工作人員。木匠雕刻包括廟宇建築與小件木製品，甚至客製化的雕刻，1960年代美軍協防時期，還製作了許多美國人喜愛的手工木製品。

臺南市中西區民生路二段 84 號
10:00 ～ 19:00，週日 12:00–16:00

17-9 木梁作

木梁作的理念是以鑿刀、槌子為筆，木材、金屬為布，透過雙手實作，創造出各種既具創意又實用的生活器物，例如以貓咪尾巴為開關的可麗露造型燈。另也有各種受情侶喜愛的對戒，像是指紋對戒，也可到此體驗金工，親手做出具有特殊意義的飾品。

臺南市中西區大福街 36 巷 20 號
10:00 ～ 18:00，週四公休

17-10 卓也竹園町

原為臺南州職員宿舍，廢置多年後，由市政府整修恢復以往日式庭園的美麗容貌，現由致力於藍染傳統工藝的卓也小屋入駐。卓也雖來自苗栗，但臺南為台灣最早開始做藍染的區域，有點重返源頭的感覺，除了展示各種藍染製品外，也提供自助藍染體驗。而這裡餐飲就跟藍染製品一樣講究天然原味，是個悠閒的用餐地點。

臺南市東區前鋒路 119 巷 12 號
10:00 ～ 19:00，週二公休

AREA 散策

【古巷弄｜新發現｜我在臺南驚喜散步】

在街道錯綜複雜的古都臺南，每一個叉路往左往右總帶來不同的風景。這個篇章整理出各區走逛路線，幫助大家輕鬆走逛認識臺南，建議步行搭配 Google Maps，從這個點到那個點的途中，絕對有機會逛上幾條有趣的小巷。

臺南車站周區

Area 01 散策

繽紛的異國文化

一般人對於火車站這區的印象，可能就只是向臺南說 Hello & Goodbye 的轉運站，不會多加停留，但其實近年來，在這區的巷弄內出現了具京都風的茶屋、充滿法國風情的甜點店、超道地的泰國小食館、一個月只開四到八天的悠閒早餐店，讓火車站這區融合了不同文化的風情，再加上日治時代唯一設有餐飲與旅館的臺南火車站修復完成之後，火車站周區也跨入全新的規畫。

臺南公園是已有百年歷史的綠園，不遠處還有散發藝術與文學氣息的 321 藝術聚落。下次來臺南別只是匆匆往返臺南車站，值得留些時間走逛這區，轉個彎，會從日本躍到東南亞的景觀，再跨到歐洲，又回到臺南，是非常有趣的散步體驗。

遊逛重點

臺南西華堂：全台第一座齋堂，屬齋教之金幢派，翁永峰支派下的齋堂，在鬧區當中，成為難得的一處清幽傳統建築群。

甘樂阿舍美術館：臺南主要的當代藝術展覽空間之一，常有傑出的國內外藝術策展。

臺南開基玉皇宮：建於明鄭時期，主祀玉皇大帝，普稱舊天公廟，位於昔日府城鎮北坊，周區仍保留古樸的民居巷弄風情。

KOEMON 法式甜點店：這家甜點店，位於台灣第一位女建築師設計的老建築裡面，呈現簡約而優雅的甜點空間。

許石音樂圖書館：除了紀念台灣重要音樂創作者外，這個空間也打造為臺南音樂教育中心，並有豐富的黑膠唱片收藏。

散策路線

臺南火車站
▼
客兄早餐店
▼
臺南西華堂
▼
甘樂阿舍美術館
▼
臺南開基玉皇宮
▼
公園口紅燒土魠魚羹
▼
321 藝術聚落
▼
臺南公園
▼
許石音樂圖書館
▼
誠實媽媽泰式小吃
▼
衛屋茶事
▼
甜在心咖啡館
▼
KOEMON 法式甜點店
▼
Moonrock 酒吧
（入選亞洲百大酒吧）

作者私觀察

客兄：在兩棟民居中間的空地，有一天突然發現客兄以回收廢材搭建出一間早餐店，每個月最多只營業八天，下雨天會特休、大太陽要自己打傘用餐。漢堡口味獨特，包括融入原住民芋頭粉或客家桔醬的漢堡口味，且漢堡肉煎得表皮酥脆，香氣十足。

孔廟、美術館一館周區

Area 02 散策

一親府城文人氣息

美術館一館與開山路、民權路之間的巷弄，延續美術館與孔廟的人文氣息，巷弄裡有座古樸的清水寺，而這寺廟所在的開山路3巷，原為枋溪的河道，現今的道路下面仍是潺潺流水，往昔稱為「清水寺街」或「水流觀音街」。街道上仍可看到一排連棟木造老街屋，其中有著像山一般穩靜的小山林家庭料理、清朝開設至今的祿記包子，臺南最美麗的古物書店慨堂。

晚餐選擇包括路邊攤起家的豐盛海產火鍋竹屋，或者由搞搞居香氛店旁的小巷走向復興市場，這區的巷弄雖然較少遊客走逛，但隱藏了和煦早午餐、小川石藝廊、44Bit四四拍電子唱片行等厲害角色。

散策路線

美術館一館
▼
大新理髮室
▼
芳苑冰棒
▼
惠比壽壽司
▼
清水寺
▼
小山林家庭料理
▼
祿記包子
▼
隨隨東南亞主題小店
▼
憫堂書店
▼
島旬古著服飾
▼
浮游咖啡
▼
錫鼓咖啡
▼
搞搞居香氛精油店
▼
最初的地方
▼
順天冰棒
▼
小川石藝廊
▼
44Bit 四四拍電子唱片行
▼
復興市場或竹屋海產火鍋
（晚餐）

遊逛重點

芳苑、順天冰棒：這兩間冰棒都是府城老冰店，除了蜜餞口味外，還有桂圓米糕、鹹蛋黃口味的冰棒，味道做得一點也不奇怪，甚至會讓人吃上癮！

惠比壽壽司：府城老店，稻荷壽司跟鮭魚卷、紫蘇卷、昆布卷都是讓人吃了成主顧的日常小食。

搞搞居 GoGo Living X smellscape：在地自有品牌，可在此找到味道獨特的香氛精油。

竹屋海產火鍋：原本在府中街旁的騎樓，最著名的是海鮮料豐盛的海產火鍋，另還有各式熱炒，炸花枝也頗有水準。

復興市場：除了熱門的熱炒店外，還有新加坡的家鄉味「新台祺之家」，慢慢成了這區的深夜食堂。市場對面的永香鹹水雞也相當推薦。

作者私觀察

由美術館一館出來，往圓環方向走會看到老相館旁有個通道，裡面的老建築仍可看到老派的大新理髮室，繼續往開山路走，老建築的迴旋坡道頗有老香港的氛圍。

美術館二館周區

Area 03 散策

優雅接地氣路線

美術館二館周區堪稱最能感受當代府城特色風味的街道巷弄，走逛其中，不但能欣賞到國際建築大師設計的現代美術館，還能夠看到不少自日治時代遺留下來的經典地標性老建築。繼續走進小巷裡面，可欣賞各時代用心打造的優雅民宅。遊逛這一區，不只是欣賞建築而已，也有各式臺南小吃、風格咖啡館可以體驗，有吃又有得玩，真的是相當豐富的一區，來臺南體驗府城風情，若沒有留時間好好遊逛這一區，實在是太可惜了。

遊逛重點

早餐：友愛市場的郭家肉粽吃菜粽或肉粽，配碗味噌湯，是南部常見的搭配吃法。

睿咖啡：推薦最具台味、別處少見的芭樂咖啡，建議選擇內用，較能拍出美美的照片。

新迦拿古早味鍋燒意麵：這裡的炸吐司，是許多當地人學生時代的回憶滋味。

湯德章紀念館：我們都應該好好認識這位英勇犧牲、保護許多臺南菁英免受迫害的偉人。

黃記碗粿：薏仁湯熬得極好，四神湯與綜合湯都推薦。

愛國婦人館：二樓設有榻榻米區與兒童遊戲區，適合在此靜享府城的悠閒，一樓紀念品店則可購買好玩的古蹟紀念品。

作者私觀察

走到永福路二段54巷與府前路一段304巷，可欣賞到許多優雅老屋，尤其是府前路一段304巷17號這棟擁有兩面優美角窗的老屋。友愛街40巷內的八吉境道署關帝廳，可欣賞知名廟宇畫師潘麗水畫的四方眼門神，無論你走到哪裡，好像門神都在看著你。

散策路線

美術館二館+《律動之影》
▼
睿咖啡
▼
泥臼咖啡
▼
關帝廟四方眼門神
▼
新迦拿古早味鍋燒意麵
▼
雙全紅茶
▼
純薏仁
▼
湯德章紀念館
▼
糯夫米糕
▼
夏家魚麵
▼
鋥羊肉
▼
司法博物館
▼
黃記碗粿或檨仔林阿全碗粿
▼
福記肉圓
▼
莉莉水果
▼
愛國婦人館
▼
克林包子八寶包、椪餅
▼
晚餐：小杜意麵或孫記煲仔飯
▼
週五、六、日夜晚友愛市場屋企港式甜湯

台灣首廟天壇周區

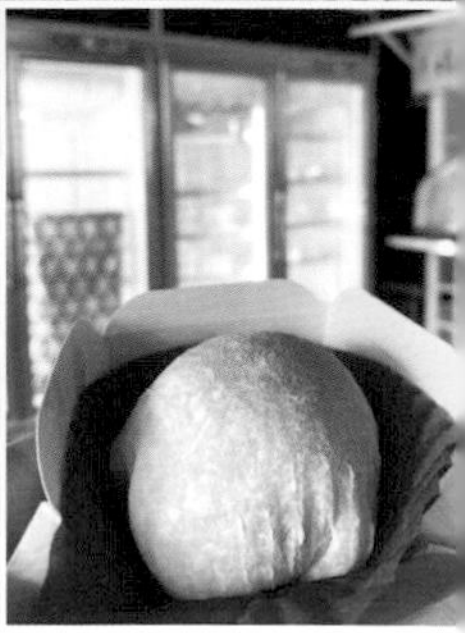

天之所在、府城信仰中心

往昔祭天的天壇之所以會設在這裡，是因為這區為府城最高點「鷲嶺」，算是古城內最親近天之處，因此氣象測候所也蓋在這裡。測候所附近就是以往的臺南州廳，後面的鷲嶺食肆（原鷲料理），是當時高官名流社交之處，再往前走一點，則是後來臺南人喜愛在此招待貴客的阿霞飯店。由天公廟往福樂屋旁的小巷走，可來到統領巷的陳德聚堂古蹟，穿街走巷來到忠義路與民權路，這區聚集了一開店就大排長龍的小赤佬干鍋、南洋餐室、日本人食堂、以黑色系為主調的北極殿，以及在夜色中更顯美麗的鷲嶺食肆古蹟餐廳，最後則可在阿霞飯店吃頓道地的台菜料理。

散策路線

天壇
▼
福樂屋
▼
陳德聚堂
▼
小赤佬干鍋
▼
龜龜毛毛南洋餐室
▼
歌磨日本料理
▼
北極殿
▼
B.B. Art 藝廊
▼
再發號百年肉粽
▼
原臺南測候所
▼
鶩嶺食肆
▼
阿霞飯店

遊逛重點

陳德聚堂：建於明朝永曆年間的宗祠，過去曾名為「統領府」，旁邊巷子因而稱作「統領巷」。入清後，陳德聚堂經陳氏後人修建改為陳氏家廟。

歌磨日本料理：開業多年的日式家庭料理，一直是住在臺南的日本遊子最愛的用餐選擇，除了菜單上的選項，牆壁上還有日文的隱藏版菜單，看不懂的話可請問店員。

再發號百年肉粽：創立於1872年清同治時期的老店，以獨創的八寶粽聞名，搭配醬汁也是獨家調配的。

原臺南測候所：1898年完成，是臺灣現存最古老的氣象建築。建築中央為12公尺高的圓柱形風力塔，下面則是18邊形辦公空間，特殊的建築樣式被暱稱為「胡椒管」。

作者私觀察

除了天壇外，這區主祀腳踩龜蛇的玄武玄天大帝的北極殿也相當值得參觀。「北」這個方位在五行中屬黑，因此廟宇的主色調為罕見的黑色。中門的黃金雙龍門神為廟宇畫師潘麗水之作，黑色包覆著金色及各種豔彩繪成的龍身，宛如雙龍仍在玄天大帝的掌中，表現手法相當高明。

吳園周區

Area 05 散策

和、洋、台完美融合示範區

散發著中式庭園風格的吳園，原為臺南富貴人家的家園腹地，前面的大建築則是日治時期的公會所，周區小巷林立著不少新潮的咖啡館、臺南人做十六歲禮的七娘媽開隆宮，以及網紅必拍的優雅老建築旭峰號；過中山路繼續往中山路82巷走，還有和式洋食義大利麵館皮嚓先生，穿到衛民街小巷，則有小巷裡的拾壹號，另一側巷弄為專賣餐盤杯碗的餐桌上的鹿早，這間店前的九重葛，總是開得格外地放肆搶眼，接著往旁邊的小階梯走下去，走到底就是歐式蔬食餐廳自然熟，周區還有許多年輕人最愛的潮店，Focus 百貨也在附近。

遊逛重點

寮國咖啡：親民的街坊咖啡模範，咖啡好喝又價格合理。

鬼咖啡：臺南傳奇咖啡館之一，很有個性的老闆選擇開店的位址也相當有趣，得由你親自來找到它。

旭峰號：八十多年的老建築，原為五金行，結束營業後由小農水果店接手，意外成了熱門拍照打卡地點。

小巷裡的拾壹號：衛民街巷弄內的咖啡館多已開業多年，轉進小巷會看到幾棟優美的老屋，而小巷裡的拾壹號也是其中改造巧雅的老屋咖啡館，咖啡是自家烘焙的。

衛民街到年輕人最愛的 Focus 百貨街區：潮服區，巷弄裡隱藏了不少有趣的店家，像是客棧般的萬昌起義酒吧。

散策路線

吳園
▼
古都文化基金會
▼
寮國咖啡
▼
甘單咖啡
▼
七娘媽廟
▼
鬼咖啡
▼
旭峰號
▼
皮囉先生
▼
小巷裡的拾壹號
▼
餐桌上的鹿早
▼
島鹿 · 喫茶
▼
自然熟蔬食餐廳
▼
Focus 百貨

作者私觀察

由餐桌上的鹿早旁的小階梯走往自然熟餐廳，蜿蜒階梯搭配紅色老木門，完全就是一幅迷人的臺南風景，但周邊髮廊、刺青店、服飾店卻又是一家又比一家潮。

赤嵌樓周區

Area 06 散策

中式風格的新詮釋

赤嵌樓可說是臺南中西區裡最著名的古蹟建築，它是1653年荷治時期所興建的普羅民遮城(Provintia，意謂省城)，曾為全島的統治中心，後來明鄭時期，將赤嵌定為東都明京，普羅民遮城改為承天府衙門，現已列為臺南的一級古蹟。

而包括赤嵌樓在內的整個區域，可說是當時的蛋黃區，現今也十分熱鬧、充滿豐富的庶民生活氣息，大天后宮、祀典武廟都在周區，由新美街直走，可通往日治時期的新商業區，若往忠義路巷弄走，則可以來到天壇，而赤嵌樓後側，即為鴨母寮市場。

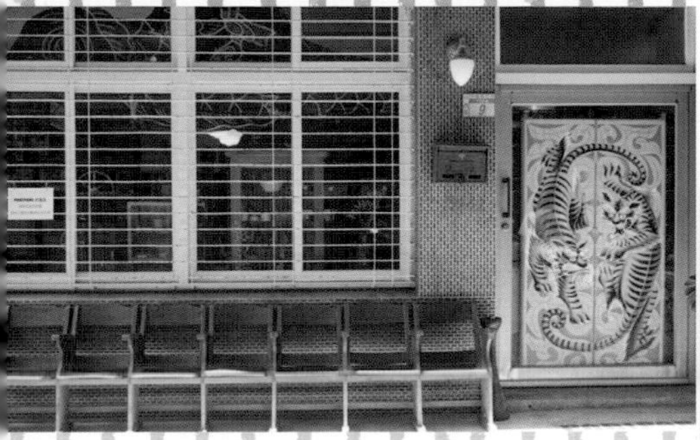

遊逛重點

kokoni café：可欣賞到層層疊疊風格的老屋空間。

赤崁璽樓蔬食：中西融合的氣派老屋，提供洋派蔬食料理。

金泉成五穀雜糧店：古典巴洛克建築內販售堅果、雜糧，店內有傳承三代的老木梯、老秤、算盤，連櫃檯都是獨創的收銀設計。

泰源五金行：看似一般五金行，老闆卻十分盡責幫顧客把關，挑選販售各式好用實用的生活器具。

陳世興古宅：臺灣現存最悠久的民宅建築之一，呈現優美的建築特色。

伴君耘仙草洞：就只有一個小洞的茶飲店，完全看不到店員。

勝興木炭行：一百多年的老炭行，新一代傳人還擅長罕見的炭雕藝術。

作者私觀察

民權路二段 64 巷靠近民權路有棟木造老屋，二樓窗戶是雅緻的圓窗造型。由屋旁小巷走，可來到使用小農食材料理的緩慢食堂「窨地家食堂」。

散策路線

赤嵌樓
▼
Merci 司康專賣店
▼
182artspace 藝廊
▼
kokoni café
▼
赤崁璽樓蔬食
▼
杏本善
▼
金泉成五穀雜糧店
▼
府城百年木屐老店
▼
雙全昌鞋行
▼
博仁堂漢方餐飲
▼
泰源五金行
▼
新美街 125 巷許荷西壁畫
▼
隆興亞鉛行
▼
大天后宮
▼
吳萬春蜜餞店、吳萬春香行
▼
武廟
▼
松村滷味
▼
陳世興古宅
▼
雙生綠豆沙牛奶
▼
伴君耘仙草洞
▼
窩仔咖啡
▼
烏飛古物
▼
勝興木炭行
▼
欣欣台菜餐廳或竹海產
▼
TCRC 或 Phowa 酒吧

自強老街周區

Area 01 散策

昔日的豆仔市

今西門路四段，以前稱為小北路，原本是一條供牛車行駛的淺溝，為當時城外的農產品運進城的主要運輸道路，後來逐漸在小北門形成五穀雜糧等農產品交易的「豆仔市」。位於西門路四段附近的過坑仔街，在清朝的時候，稱為總爺街，現在稱為崇安街，當時的水仔尾街，則是清朝時的大銃街，現在稱為自強街。

崇安街、自強街這兩條老街，都是當時入城的重要街道。今天來到西門路四段，不但能發現不少老店、舊餅舖，也有新型的創意料理，走逛處處皆有驚喜。

散策路線

老店 肉粽・菜粽
▼
水仔尾開基天后宮
▼
舊來發餅舖
▼
木溪咖啡
▼
堯平布朗尼二號店
▼
厝咖啡
▼
裏葉
▼
176 Lab 古物店
▼
烏鬼井
▼
揣茶
▼
拾藤
▼
貓島廚房或
一人燒肉長北難民營或
寶來軒拉麵
（晚餐）

遊逛重點

老店 肉粽・菜粽：立人國小旁的老字號，銅板價的在地美食。

烏鬼井：位於自強街 146 巷的古井，據說是荷蘭東印度公司命識水性的印尼班達島土人蓋的，由於土人膚色很黑，府城人稱他們「烏鬼」，因而得其名。

厝咖啡：充滿日本昭和風情的小咖啡館，以往最著名的是每日限售八份咖哩，現在專賣優質咖啡與甜品。

揣茶：「揣」字台語的意思是「找」，出身自傳統茶行的老闆精選台灣茶，讓客人來這裡總能找到一杯好茶。

裏葉：廢墟連棟建築的一個驚奇空間，創意料理的口味料理得很好，不接受訂位，應是臺南最難吃得到的餐廳之一。建議先查看其 IG / FB 了解用餐規則。

作者私觀察

夜的自強街：自強老街現在看起來多是民宅，但垂直的小巷弄亂走，常可遇見美麗的角落，像是小巷內之厝民宿。另也推薦夜晚過來自強街與長北街走走，廟口的紅燈籠、老街昏黃的燈光與木造老屋，仿如走進時光隧道。

鴨母寮市場周區

Area 08 散策

庶民的美味食堂

鴨母寮市場與火車站之間，是清朝時北門拱辰門到禾寮港的區域，當時有不少的居民，往來這裡聚集成坑仔街，後因臺灣總鎮署衙門設於這條街的北面，常有總兵出入，因此稱為「總爺街」。

以風水的角度來看，總爺街是蜈蚣穴，頭在頂土地公廟，尾則在下土地公廟，彎彎曲曲的街道宛如蜈蚣的身體，分支巷弄則像蜈蚣腳，成就了當時的36富戶，而形成了「九萬二十七千」之說，就是形容當時有九戶人家，他們的財產達到萬元以上，另外有二十七戶人家，則有千元以上的身價。

可惜日治之後，附近新闢了道路，總爺街漸漸失去交通的重要性，後來則改名為崇安街。

遊逛重點

三老爺宮：主祀朱王爺、曹王爺、魏王爺，創建於西元 1750 年。相傳國姓軍由禾寮港德慶溪登岸，也就是這座宮廟前，先駐軍於此過夜，隔日起兵圍攻赤崁樓，成功擊退荷蘭人。

自由女神像：與紐約八竿子打不著的臺南巷弄內，竟然有尊自由女神像，而且還是在一般社區住宅內，太有趣了。

天下飯店圓頂餐廳：早期的天下飯店是臺南高級旅館之一，圓頂餐廳至今仍是熱門的西餐廳，整修前能感受到老派西餐廳氛圍。主餐料理得很有水準，自助沙拉吧的燉飯美味極了！

嘸．臺南酒吧：開幕沒多久的老屋酒吧，調酒細緻、服務親切，通透的用餐環境，散發著臺南的悠閒感。

散策路線

鴨母寮市場炭火麵或三津製麵
▼
鴨母寮阿婆布丁
▼
葡吉麵包
▼
手艸漢方飲
▼
大觀音亭
▼
首相大飯店對面自由女神像
▼
百年麥芽糖老店新順發行
▼
連得堂煎餅
▼
無名豆花
▼
水天茶館
▼
天下飯店圓頂餐廳
▼
嘸．臺南酒吧

作者私觀察

葡吉麵包店：臺南特有經濟奇蹟，每到下午 2 點葡吉的羅宋麵包出爐時，總是大排長龍。中午 12:00 則是另一個招牌奶露麵包出爐的時間，這個時間出爐的蘿蔔酥餅也相當推薦。

水仙宮、普濟殿周區

Area 09 散策

王爺轄下的早午餐一級戰區

水仙宮市場至成功路，以往是最熱鬧繁忙的商業中心「五條港區」，位在這區的普濟殿，也是臺南的第一座王爺廟，350年來，在府城靜靜地守護著居民，廟旁的普濟街充滿濃濃古韻。

如果從民族路與國華街口這一區延伸走逛過去，幾乎都是能叫得出名號的臺南小吃名店，巷弄裡不但有許多老屋改成的茶樓可以體驗，在永樂市場的二樓空間，近年來更是進駐了相當多風格獨特的店家，若到訪臺南的人，值得安排充足的時間，來這區暢快遊逛、吃上一回。

遊逛重點

咖哩鬥陣：以各式香料熬煮而成的咖哩，推薦加點滑嫩的蛋包，搭配 Lulu&Bun 麵包店特製的烤餅。以前常在各大市集或不同的咖啡館快閃，目前正式落腳普濟街的暖暖蛇咖啡原址。

永樂町鼓茶樓：在古色古香的茶樓內欣賞生動有趣的答嘴鼓，從中了解臺南歷史之外，還可品嘗美味的虱目魚套餐等臺南特色美食。

剪紙巷：從圓環或國華街轉進西門路二段 365 巷，總能看到巷內老屋牆上怒放的九重葛。牆上的剪紙，則是佳里的剪紙合作社，帶領20位婆婆媽媽創作而成的。

散策路線

江川肉燥飯
▼
金得春捲
▼
一味品碗粿
▼
永樂町鼓茶樓
▼
三兄弟魚湯
▼
麵條王海產麵
▼
鴻宏行乾貨
▼
太陽曬曬蔬食小農產品
▼
普濟街
▼
咖哩鬥陣
▼
普濟殿
▼
小北家灶咖
▼
施家虱目魚水餃
▼
小丰川或阿杰溫體牛肉
▼
剪紙巷
▼
小公園擔仔麵
▼
永樂市場二樓：
香蘭男子電棒燙
秘氏咖啡

作者私觀察

嘟嘟滿牛排館是臺南的老牌平價牛排館，特別推薦靠近普濟殿的分店，一般豬、雞、牛排外，還有海陸雙拼等超值選擇。

阿江炒鱔魚周區

平凡巷弄的愜意氛圍

這個區域乍看沒有太多著名景點，但因為遊客較少，讓這些小巷走來十分有趣，像是由康樂街的打開聯合工作室旁小巷，往海安路的鯨吞燒方向走，這裡的老林居民宿，每年會在自家庭院舉辦小市集；或者早上由康樂街轉往忠孝街，街口有棟使用不同建材堆疊而成的老房子，過媽祖樓再往前走，早上會出現一個小小的市場，每天都有固定的老客人過來買菜。

又或者，康樂街轉往元紅豆餅後，再往海安路三段53巷走到海安路，往右是二哥炒鱔魚，往左則是黃火木冰店。臺南的炒鱔魚意麵大多傍晚才開業，這條算是傍晚起走路線，早點出發的話，則可到他她咖啡館享用早午餐。

散策路線

阿江炒鱔魚意麵
▼
上好烤魯味
▼
喝我咖啡
▼
媽祖樓天后宮
▼
鳳滷味
▼
小上海香酥雞成功店
▼
元紅豆餅
▼
二哥炒鱔魚
▼
黃火木舊台味冰店
▼
官記臭豆腐
▼
大口味沙茶爐或松大沙茶爐
▼
花園夜市

遊逛重點

上好烤魯味：滷過再烤，風味更豐富，建議先訂再取、避免久候。

喝我咖啡：修復時保留老屋內部的美麗細節，咖啡都是自家烘焙優質豆，風味相當細緻，冰美式還有啤酒般的口感。

媽祖樓天后宮：這裡的媽祖供奉在閣樓上，因此取為「媽祖樓」。相傳這裡原是工寮，工人在閣樓供奉湄州媽祖香火，後來一直留祀在此，附近的五條港船隻夜間總會依循媽祖樓的紅光航行。電影《總舖師》曾在這裡取景拍攝。

小上海香酥雞成功店：雖然小上海香酥雞分店多，但這家的炸功了得！

官記臭豆腐：以天然莧菜發酵而成的傳統臭豆腐，因此臭豆腐有點綠綠的，臭豆腐炸得外酥內嫩！

作者私觀察

臺南優質早午餐他她咖啡，近年搬到這區巷弄，空間布置得相當溫馨有質感，供應每天現做的美味三明治。

Area 11 散策

神農街、信義老街區

白日夢巷弄區

古風猶存的神農街，從清朝開始就是一條熱鬧的商店街，雖然也曾沒落，但現在再度進駐許多文創商店、餐飲特色小店，是遊客相當熟知的走逛區域。神農街至今仍保留許多迷人的兩層樓老屋可以欣賞。

如果你從神農街走到底，過民族路往飛魚美術館方向走，就會看到許多巷弄內的有趣小店，這些店家都有自己獨特的氛圍，感覺店主多是默默在自己的小空間裡，做著自己喜歡的事情，靜靜等候知音上門。而過了金華路再往信義街走，則能夠遇到另一條安靜的老街，走到底即會看見至今仍有人車通行的兌悅門古城門。

散策路線

神農街
▼
好一點野花器工作室
▼
木梁作
▼
左撇子咖啡
▼
張土魠魚羹
▼
飛魚美術館
▼
負債女孩
▼
木蘭咖啡
▼
聶樓
▼
清珍鴨肉麵
▼
目相選物店
▼
築馨居台菜餐廳
▼
蘿拉冷飲店
▼
兑悅門

遊逛重點

左撇子咖啡：車庫般大小的店面，除了咖啡飲品外，也常推出口味獨特的肉桂捲，像是香菜肉桂捲與蔬食肉桂捲。

負債女孩：位在信義街巷弄內的負債女孩，以肚擠堡聞名，特別推薦鹹食的餐點。

築馨居台菜料理：用心料理出各式古早味台菜，餐廳氛圍也台味十足。

清珍鴨肉麵：臺南鴨肉麵老店，充滿活力的第二代接手，總是以十足的熱情接待每位客人。羹湯散發著清香的鴨肉味，米血、下水等小菜也非常美味。

作者私觀察

若說保安路是遊客晚上的美食區，那麼從神農街走到底切到金華路，就是在地客的美食區，沿路包括龍興冰品、嘉展當歸鴨、鄭牛肉湯、戽斗米糕、麵條獨特的蘇家鍋燒意麵、溪仔香腸熟肉、海龍肉粽等，都是到了晚餐時間總是門庭若市的在地小吃。

東市場周區

Area 12 散策

優質吃食雲集的老工藝街

清朝時東菜市周區，就有多座重要的廟宇與官署機關，像是城隍廟、東嶽殿等，當時就已經是府城人口密集的區域，因此美食雲集，其中有許多傳承至今的美味老店。

而荷蘭時期即已存在的民權路（當時稱為普羅民遮街），會看見許多傳統金香鋪、糊紙店、粧佛店、帆布行、老茶行林立。有趣的是，民權路往開山路這一側，街巷風格則較為古樸，但東市場青年路這一側往民族路的方向走，會看到由知名的飲料店波哥開始，充滿了一家又一家的新潮小店。

遊逛重點

城隍廟：臺灣最早的官建城隍廟，建於1669年，廟內著名的文物包括府城四大名匾之一的「爾來了」，以及讓城隍爺計算世人一生善惡的大算盤。

東嶽殿：主要供奉道教中專管人間生老病死的泰山神東嶽大帝，又稱天齊仁聖大帝，以打城法事聞名，打城也就是是民間信仰中，解救亡魂出離枉死城的一種儀式。

功農種子行：日治時代就已存在的種子專賣店，店內玻璃罐裝著各式種子，兩旁展售商品的木櫃，則是牛車改裝而成的。

阿成製麵所：阿成師是東市場出生的製麵師傅，對手工製麵有著相當高的品質堅持，新開設的麵店則推出抹茶沾麵等新創口味。

作者私觀察

一農手工甜不辣：年輕店家出自魚漿製品老店，自製魚漿真材實料，現炸甜不辣口感很棒，口味包括牛蒡、木耳、洋蔥，推薦可以試試魚漿內包著溏心蛋的一農蛋、旗魚黑輪、虱目魚柳，福州魚丸湯也好喝。

散策路線

城隍廟
▼
熊記三明治
▼
東市場阿真春捲
▼
阿粉姨古早味鮮奶紅茶
▼
京發肉鋪
▼
一碗小粥
▼
無責任咖啡館
▼
一農手工甜不辣
▼
明章禓禓米
▼
太陽牌冰品
▼
邱惠美鳳梨酥古早味蛋糕
▼
廣興肉鋪
▼
東嶽殿
▼
功農種子行
▼
振發茶行
▼
阿成製麵所

臺南大學、五妃廟周區

Area 13 散策

清新怡人小街區

五妃廟、臺南大學周區，是個相當清新舒爽的區域，走在五妃街的老行道樹當中，能感受到綠意盎然的氣息，而慶中街周區小巷弄，走來心情就是舒暢。往法華寺或延平郡王祠的小巷裡，會遇到一些有趣的小店；過大同路的小巷弄，遊客較少過來，但巷弄裡藏著小南園子、草木等店家；過健康路往竹溪社區走，同樣是怡人的小區，草器、Cafe Duet、木目麦酒、ORO咖啡、圓頭咖啡、在古董，也都是很吸引人的小店，還可沿著整修好的溪岸散步。最後還可延伸走逛至南寧街83巷。

遊逛重點

延平郡王祠：紀念鄭成功的祠堂，前身為日治時期最早建造的開山神社。旁邊的鄭成功文物館收藏許多珍貴的文物。

老宅南：老宅裡的義法小餐館，運用各種在地食材，以偏法式的手法料理。

五妃廟：寧靖王朱術桂決心殉國後，隨侍的五妃也決定一起殉身，這棟朱紅色兩護龍式的小巧廟宇，主祀忠貞五妃。

古早味米粉炒：位於五妃街與慶中街口壽司店旁的超小巷弄內，米粉炒與豬血腸湯的口味非常傳統。

和喫鬆餅：可愛的小圓鬆餅可口美味，早午餐選擇也多。

莉莉露露法式甜點店：臺南很有水準的法式甜點店，可麗露總是早早銷售一空，建議先預訂。

作者私觀察

草木、小南園子：相距不遠，卻是兩個風格絕然不同的空間，同樣做著許多有趣的事情。臺南幾個較具開創性的市集，多由草木策劃的，而小南園子則定期舉辦各種手作課程，包括原住民編織、苔蘚微景觀、手工豆腐等。

散策路線

延平郡王祠
▼
茶弥紅茶館
▼
鹿角枝咖啡
▼
小聚早午餐
▼
老宅南歐式餐館
▼
城南舊肆二手書店
▼
五妃廟
▼
古早味米粉炒
▼
法華寺
▼
和喫鬆餅
▼
莉莉露露法式甜點店
▼
古早味鍋燒意麵
▼
草木
▼
小南園子
▼
竹溪社區
▼
南寧街 83 巷

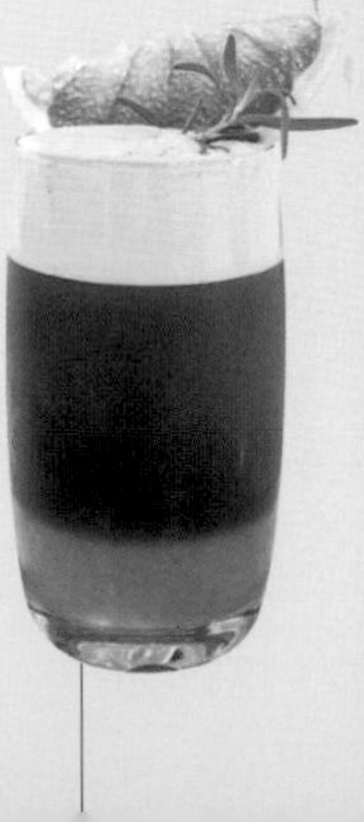

成功大學周區

Area 14 散策

豐富樣貌的人文氣息

成功大學位在臺南火車站附近，是年輕學生、人口密度相當高的區域，原本是日治時期創立的高等工業學校，後來改制為成功大學，在臺南的城市規畫、文化發展願景方面，成功大學都扮演著相當重要的角色。

成功大學的周區環境，也因為大學的人文風氣與年輕的氣息，形成了一個氣質獨特、充滿活力的區域，走在其中，能看到中式、西式古蹟，還有相當具特色的千畦種籽舘、設計空間與藝廊、新創咖啡館，真的是應有盡有，走逛這一區將有相當豐富的收穫。

遊逛重點

蘋菟 Hutu：預約制茶空間，在大片綠窗的茶室提供優質茶飲。

豆儿：原本在府中街的豆儿空間遷移至東區安靜的巷弄，依然在此提供優質咖啡、茶飲。

iLife 手感設計：熱愛植物的主理人將各種花葉製作成藝術品等級的書籤、玻璃框畫、藍染月曆。

白兔美術館：二樓的咖啡館，主打日式甜點，也常展出新銳藝術家作品。

魚羊鮮豆：臺南老牌咖啡館，想喝老派咖啡及享用美味貝果，來這裡就對了。

成功大學博物館：成功大學裡有座博物館，除了校史展外，還收藏了許多有趣的民俗工藝品，像是精采的古中式鎖具展與台灣老生活文物展等。

散策路線

臺南知事官邸
▼
卓也竹園町
▼
西竹圍之丘、有時甘杯
▼
蘋菟 Hutu 茶空間
▼
臺南神學院
▼
荒井佳子鍋燒意麵
▼
古侍古室古物店
▼
日日享食超值早午餐店
▼
毛房蔥柚鍋
▼
Kadoya 喫茶店
▼
A Room 咖啡／畚設計
▼
離塵藝術
▼
被愛咖啡
▼
長榮牛肉湯
▼
豆儿咖啡
▼
iLife 手感設計
▼
白兔美術館日式甜點店
▼
珍妮花與南洋杉泰式小館
▼
成功大學博物館與榕園
▼
千畦種籽舘
▼
魚羊鮮豆
▼
府城騷烤

作者私觀察

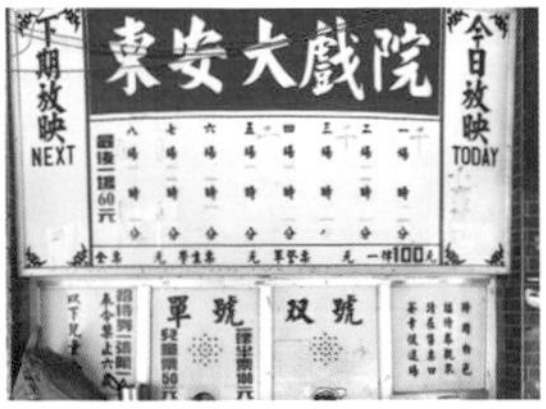

被愛咖啡附近的東安大戲院，是前副總統陳建仁的母親蓋的，雖已停業，外觀仍保留完整。整座建築空間很特別，一樓是東安市場，二樓才是放映廳，現仍有少數幾個攤位營業。

Area 15 散策

保安路

晚餐、夜宵一級戰區

在臺南美食界不能不提的保安路，可說是臺南晚餐的一級戰區，幾乎所有到訪臺南的遊客，早上會到國華街與民族路口報到，晚上則往保安路移動，這區最著名的當屬每天大排長龍的阿明豬心，另外還有米糕、米粿、浮水魚羹、鍋燒意麵、香腸熟肉、杏仁茶等，還有一間種滿大植栽、美到不知道該怎麼形容的瓦拉米鍋燒意麵，吃完還可再到海安路的路邊酒吧，或至感性滷味點些滷味配啤酒，悠閒享受夜晚的涼風、屬於海安路特有的輕鬆氛圍。

遊逛重點

保安宮：創建於 1663 年，最著名的為廟內的落海贔屭。相傳當時從中國運送至安平時，一隻不慎落海，後來竟在代安府保安宮轄內的石龜塭找到，便將之放在保安宮。

阿娟咖喱飯：咖哩粉炒過後再以高湯熬煮，鴨肉羹、鴨肉飯也好吃，是許多在地人喜歡的晚餐。

阿龍香腸熟肉：各式涼菜熟食外，也有關東煮與偏甜但美味的肉燥飯，炸魚蛋、鯊魚皮、脆管、豬心、豬肝、豬舌、綜合湯，都是許多老顧客的心頭好。建議中午或下午過來吃，比較不需排隊。

那個年代杏仁茶：香醇的杏仁茶，沒有坊間杏仁茶的刺鼻味，杏仁豆腐冰也好吃。

莊子土豆仁湯：花生湯熬煮得相當軟綿有香氣。

作者私觀察

大德街：保安路附近的大德街是一條相當有趣的小街，這裡有 Umm Umm 烘焙坊、小房子咖啡、入街麻辣鴨血煲、下大道旗魚羹、藝術森林計畫的南南美術館與張輝美術館，最後還可轉往你我他買滷味。

散策路線

阿文豬心
▼
矮仔城或集品蝦仁飯
▼
福生小食店
▼
海安路一段 168 號甘蔗檸檬
▼
保安宮
▼
醇涎坊或瓦拉米鍋燒意麵
▼
銀波布丁
▼
阿鳳或葉鳳浮水魚羹
▼
阿娟咖喱飯
▼
阿龍香腸熟肉
▼
保安路米糕
▼
豐藏鰻雞料理
▼
那個年代杏仁茶或
八寶彬圓仔惠
▼
阿明豬心
▼
感性滷味
▼
莊子土豆仁湯

安平老街、漁光島

台灣的源頭、小島漫步

安平老街區是台灣發展的源頭，就連台灣的名稱都取自這裡，除了遊逛老街的傳統建築外，現也有越來越多美麗的咖啡館進駐安平。位在安平的漁光島，近年雖晉身為遊客日落必打卡的熱門地點，但其實它是近十五年才形成的島嶼，原本沒落多年的漁光島，後來因漁光島藝術節的舉辦，邀請許多藝術家，來到漁光島創作出一件件擺放在沙灘、林間的美麗藝術品，才讓更多人有機會了解漁光島，吸引越來越多人造訪這片美麗的地方，很多人尤其喜歡在黃昏時來這裡欣賞夕陽。漁光島也是熱門的衝浪地點，浪好的日子，海上就會浮現許多衝浪者的矯健身影。

遊逛重點

王雞屎洋樓：王雞屎是安平地區的大善人，後來信眾為他刻製神像，因他生前是個大煙槍，廟公總會定時為祂點上香菸。

金小姐雕像：西龍殿廟前有對母女雕像，相傳清朝時安平港買辦商人的女兒，與荷蘭船醫相戀生下一位金髮女兒，而女兒又步上母親後塵，因此這兩座雕像均望向大海。後來作詞人陳達儒與作曲家許石將這個故事寫為「安平追想曲」這首歌。

台江綠色隧道：雖然船程短短的，但綠色隧道景色迷人。

德陽艦：除役後改為軍艦博物館，開放大眾登船了解軍艦結構，很適合親子旅遊。

驢子布朗尼：在安平開設多年的布朗尼專賣店，用餐空間優美舒適。

散策路線

安平市場
▼
La Belle Maison Cafe
法國咖啡館
▼
植得其所
▼
墨樂咖啡
▼
驢子布朗尼
▼
安平老街
▼
安平古堡
▼
王雞屎洋樓
▼
金小姐雕像
▼
安平樹屋
▼
台江綠色隧道
▼
椰庭庭園餐廳古早味粉圓
▼
蜷尾家經典冰淇淋
NINAO Gelato
▼
孫家小卷米粉 / 林默娘公園
▼
億載金城
▼
德陽艦
▼
億載金城炭烤黑輪伯
▼
漁光島

作者私觀察

億載金城炭烤黑輪伯：明明就只是偏僻港邊苦楝樹下的小貨車燒烤、關東煮，卻常見排隊等待的客人，而最受歡迎的雞腿，常早早銷售一空，可得先電話預約才吃得到。

1：臺南車站周區

- [x] 臺南火車站 (P.132)
- [ ] 客兄早餐店 (P.187)
- [ ] 臺南西華堂
- [ ] 甘樂阿舍美術館
- [ ] 臺南開基玉皇宮
- [ ] 公園口紅燒土魠魚羹
- [ ] 321 藝術聚落
- [ ] 臺南公園
- [ ] 許石音樂圖書館
- [ ] 誠實媽媽泰式小吃
- [ ] 衛屋茶事 (P.106)
- [ ] 甜在心咖啡館
- [ ] KOEMON 法式甜點店 (P.108)
- [ ] Moonrock 酒吧

2：孔廟、美術館一館周區

- [ ] 美術館一館 (P.138)
- [ ] 大新理髮室
- [ ] 芳苑冰棒
- [ ] 惠比壽壽司
- [ ] 清水寺
- [ ] 小山林家庭料理 (P.109)
- [ ] 祿記包子 (P.61)
- [ ] 隨隨東南亞主題小店 (P.52)
- [ ] 憫堂書店 (P.109)
- [ ] 島旬古著服飾
- [ ] 浮游咖啡 (P.117)
- [ ] 錫鼓咖啡 (P.120)
- [ ] 搞搞居香氛精油店
- [ ] 最初的地方
- [ ] 順天冰棒
- [ ] 小川石藝廊
- [ ] 44Bit 四四拍電子唱片行復興市場
- [ ] 竹屋海產火鍋 (P.189)

3：美術館二館周區

- [ ] 美術館二館 (P.142)
- [ ] 原研哉《律動之影》(P.142)
- [ ] 睿咖啡 (P.50)
- [ ] 關帝廟四方眼門神
- [ ] 新迦拿古早味鍋燒意麵
- [ ] 純薏仁 (P.49)
- [ ] 湯德章紀念館 (P.135)
- [ ] 糯夫米糕
- [ ] 夏家魚麵 (P.32)
- [ ] 鋸羊肉 (P.22)
- [ ] 司法博物館 (P.137)
- [ ] 黃記碗粿或樣仔林阿全碗粿
- [ ] 福記肉圓
- [ ] 莉莉水果 (P.46)
- [ ] 愛國婦人館 (P.137)
- [ ] 克林包子八寶包、椪餅 (P.71)
- [ ] 小杜意麵或孫記煲仔飯 (P.128)
- [ ] 友愛市場屋企港式甜湯
- [ ] 泥臼咖啡
- [ ] 雙全紅茶

4：台灣首廟天壇周區

- [ ] 天壇 (P.152)
- [ ] 福樂屋
- [ ] 陳德聚堂
- [ ] 小赤佬干鍋
- [ ] 龜龜毛毛南洋餐室
- [ ] 歌磨日本料理 (P.193)
- [ ] 北極殿 (P.193)
- [ ] B.B. Art 藝廊 (P.107)
- [ ] 再發號百年肉粽 (P.193)
- [ ] 原臺南測候所 (P.193)
- [ ] 鷲嶺食肆 (P.140)
- [ ] 阿霞飯店 (P.26)

6：赤嵌樓周區

- ☐ 赤嵌樓
- ☐ Merci 司康專賣店 (P.99)
- ☐ 182artspace 藝廊 (P.150)
- ☐ kokoni cafe
- ☐ 赤崁璽樓蔬食
- ☐ 杏本善 (P.90)
- ☐ 金泉成五穀雜糧店
- ☐ 府城百年木屐老店
- ☐ 雙全昌鞋行
- ☐ 博仁堂漢方餐飲 (P.84)
- ☐ 泰源五金行 (P.197)
- ☐ 新美街 125 巷許荷西壁畫
- ☐ 隆興亞鉛行 (P.181)
- ☐ 大天后宮 (P.154)
- ☐ 吳萬春蜜餞店 (P.86)
- ☐ 吳萬春香行 (P.86)
- ☐ 武廟 (P.156)
- ☐ 松村滷味 (P.37)
- ☐ 陳世興古宅
- ☐ 雙生綠豆沙牛奶
- ☐ 伴君耘仙草洞
- ☐ 窟仔咖啡
- ☐ 烏飛古物 (P.94)
- ☐ 勝興木炭行
- ☐ 欣欣台菜餐廳 (P.26)
- ☐ 竹海產
- ☐ TCRC (P.102)
- ☐ Phowa 酒吧 (P.102)

5：吳園周區

- ☐ 吳園 (P.194)
- ☐ 古都文化基金會
- ☐ 寮國咖啡 (P.195)
- ☐ 甘單咖啡 (P.116)
- ☐ 七娘媽廟
- ☐ 鬼咖啡 (P.195)
- ☐ 旭峰號 (P.195)
- ☐ 皮嚓先生
- ☐ 小巷裡的拾壹號 (P.195)
- ☐ 餐桌上的鹿早 (P.97)
- ☐ 島鹿・喫茶
- ☐ 自然熟蔬食餐廳 (P.82)
- ☐ Focus 百貨 (P.195)

8：鴨母寮市場周區

- ☐ 鴨母寮市場炭火麵 (P.36)
- ☐ 鴨母寮市場三津製麵 (P.37)
- ☐ 鴨母寮阿婆布丁 (P.36)
- ☐ 葡吉麵包 (P.201)
- ☐ 手艸漢方飲 (P.88)
- ☐ 大觀音亭 (P.161)
- ☐ 首相大飯店對面自由女神像 (P.201)
- ☐ 百年麥芽糖老店新順發行
- ☐ 連得堂煎餅 (P.64)
- ☐ 無名豆花 (P.174)
- ☐ 水天茶館 (P.91)
- ☐ 天下飯店圓頂餐廳 (P.201)
- ☐ 嚥・臺南酒吧 (P.201)

7：自強老街周區

- ☐ 老店 肉粽・菜粽 (P.199)
- ☐ 水仔尾開基天后宮
- ☐ 舊來發餅舖 (P.65)
- ☐ 木溪咖啡 (P.65)
- ☐ 堯平布朗尼二號店
- ☐ 厝咖啡 (P.199)
- ☐ 裏葉 (P.199)
- ☐ 176 Lab 古物店 (P.96)
- ☐ 烏鬼井
- ☐ 揣茶 (P.199)
- ☐ 拾藤 (P.100)
- ☐ 貓島廚房 (P.127)
- ☐ 一人燒肉長北難民營
- ☐ 寶來軒拉麵

10：阿江炒鱔魚周區

- ☐ 阿江炒鱔魚意麵 (P.30)
- ☐ 上好烤魯味 (P.205)
- ☐ 喝我咖啡 (P.205)
- ☐ 媽祖樓天后宮 (P.205)
- ☐ 鳳滷味
- ☐ 小上海香酥雞成功店 (P.205)
- ☐ 元紅豆餅
- ☐ 二哥炒鱔魚 (P.30)
- ☐ 黃火木舊台味冰店 (P.58)
- ☐ 官記臭豆腐 (P.205)
- ☐ 大口味沙茶爐
- ☐ 松大沙茶爐 (P.28)
- ☐ 花園夜市 (P.172)

9：水仙宮、普濟殿周區

- ☑ 江川肉燥飯 (P.14)
- ☐ 金得春捲
- ☐ 一味品碗粿
- ☐ 永樂町鼓茶樓 (P.203)
- ☐ 三兄弟魚湯 (P.16)
- ☐ 麵條王海產麵 (P.40)
- ☐ 鴻宏行乾貨 (P.40)
- ☐ 太陽曬曬蔬食小農產品
- ☐ 普濟街
- ☐ 咖哩鬥陣
- ☐ 普濟殿 (P.159)
- ☐ 小北家灶咖 (P.74)
- ☐ 施家虱目魚水餃 (P.32)
- ☐ 小手川或阿杰溫體牛肉
- ☐ 剪紙巷 (P.203)
- ☐ 小公園擔仔麵 (P.56)
- ☐ 永樂市場二樓香蘭男子電棒燙 (P.41)
- ☐ 秘氏咖啡 (P.110)

12：東市場周區

- ☐ 城隍廟 (P.209)
- ☐ 熊記
- ☐ 東市場阿真春捲 (P.38)
- ☐ 阿粉姨古早味鮮奶紅茶 (P.38)
- ☐ 京發肉舖 (P.38)
- ☐ 一碗小粥
- ☐ 無責任咖啡館 (P.119)
- ☐ 一農手工甜不辣 (P.209)
- ☐ 明章禓禓米
- ☐ 太陽牌冰品 (P.48)
- ☐ 邱惠美鳳梨酥古早味蛋糕
- ☐ 廣興肉鋪
- ☐ 東嶽殿 (P.209)
- ☐ 功農種子行 (P.209)
- ☐ 振發茶行 (P.66)
- ☐ 阿成製麵所 (P.209)

11：神農街、信義老街區

- ☐ 神農街 (P.171)
- ☐ 好一點野花器工作室／木梁作 (P.180)
- ☐ 左撇子咖啡 (P.207)
- ☐ 張土魠魚羹 (P.22)
- ☐ 飛魚美術館 (P.171)
- ☐ 負債女孩 (P.207)
- ☐ 木蘭咖啡 (P.110)
- ☐ 聶樓 (P.110)
- ☐ 清珍鴨肉麵 (P.207)
- ☐ 目柑選物店 (P.98)
- ☐ 築馨居台菜餐廳 (P.207)
- ☐ 蘿拉冷飲店 (P.104)
- ☐ 兑悅門 (P.206)

14：成功大學周區

- ☐ 臺南知事官邸
- ☐ 卓也竹園町 (P.184)
- ☐ 西竹圍之丘
- ☐ 有時甘杯 (P.92)
- ☐ 臺南神學院 (P.162)
- ☐ 蔛菟 Hutu 茶空間 (P.213)
- ☐ 荒井佳子鍋燒意麵
- ☐ 古侍古室古物店
- ☐ 日日享食超值早午餐店
- ☐ 毛房蔥柚鍋 (P.110)
- ☐ Kadoya 喫茶店
- ☐ A Room 咖啡／畚設計 (P.114)
- ☐ 離塵藝術 (P.150)
- ☐ 被愛咖啡
- ☐ 長榮牛肉湯
- ☐ 豆儿咖啡 (P.213)
- ☐ 成功大學博物館與榕園 (P.213)
- ☐ 白兔美術館日式甜點店 (P.213)
- ☐ iLife 手感設計 (P.213)
- ☐ 珍妮花與南洋杉泰式小館
- ☐ 千畦種籽舘 (P.89)
- ☐ 魚羊鮮豆 (P.213)
- ☐ 府城騷烤

13：臺南大學、五妃廟周區

- ☐ 延平郡王祠 (P.211)
- ☐ 茶弥紅茶館
- ☐ 鹿角枝咖啡
- ☐ 小聚早午餐
- ☐ 老宅南歐式餐館 (P.211)
- ☐ 城南舊肆二手書店
- ☐ 五妃廟 (P.211)
- ☐ 古早味米粉炒 (P.211)
- ☐ 法華寺 (P.158)
- ☐ 和喫鬆餅 (P.211)
- ☐ 莉莉露露法式甜點店 (P.211)
- ☐ 古早味鍋燒意麵
- ☐ 草木 (P.211)
- ☐ 小南園子 (P.211)
- ☐ 竹溪社區
- ☐ 南寧街 83 巷 (P.79)

16：安平老街、漁光島

- ☐ 安平市場 (P.42)
- ☐ La Belle Maison Cafe 法國咖啡館 (P.122)
- ☐ 植得其所 (P.82)
- ☐ 墨樂咖啡 (P.165)
- ☐ 驢子布朗尼 (P.217)
- ☐ 安平老街 (P.164)
- ☐ 安平古堡
- ☐ 王雞屎洋樓 (P.217)
- ☐ 金小姐雕像 (P.217)
- ☐ 安平樹屋 (P.165)
- ☐ 台江綠色隧道 (P.217)
- ☐ 椰庭庭園餐廳古早味粉圓
- ☐ 蜷尾家經典冰淇淋 NINAO Gelato
- ☐ 孫家小巻米粉／林默娘公園
- ☐ 億載金城
- ☐ 德陽艦 (P.217)
- ☐ 億載金城炭烤黑輪伯 (P.217)
- ☐ 漁光島 (P.216)

15：保安路

- ☐ 阿文豬心 (P.24)
- ☐ 矮仔城或集品蝦仁飯 (P.32)
- ☐ 福生小食店
- ☐ 海安路一段 168 號甘蔗檸檬
- ☐ 保安宮
- ☐ 醇涎坊
- ☐ 瓦拉米鍋燒意麵 (P.78)
- ☐ 銀波布丁
- ☐ 阿鳳或葉鳳浮水魚羹 (P.62)
- ☐ 阿娟咖喱飯 (P.215)
- ☐ 阿龍香腸熟肉 (P.215)
- ☐ 保安路米糕 (P.21)
- ☐ 豐藏鰻雞料理
- ☐ 那個年代杏仁茶 (P.215)
- ☐ 八寶彬圓仔惠 (P.58)
- ☐ 阿明豬心 (P.24)
- ☐ 感性滷味
- ☐ 莊子土豆仁湯 (P.62)

B 實用資訊 Before you go

交通

高鐵到市區

- 可搭免費接駁巴士至臺南市區
- 可轉乘台鐵至臺南站
- 租 iRent 共享汽車到市區
- 搭計程車約 500 元起

市區交通

- 公車：班次與路線近年逐漸改善優化，還有雙層巴士，假日也有 88 號府城巡迴公車與 99 號安平台江線。
- 單車：T-Bike 共享單車，悠遊卡或一卡通註冊後即可租借。
- 摩托車：火車站周區均可找到租車公司，另也可先註冊 GoShare 或 iRent 共享機車，市區車輛相當多。
- 計程車：可使用台灣大車隊 App 或 Uber 叫車，臺南地區也有成功衛星計程車，可電話叫車(06-2759999)。
- 遊船：由安平港可搭船遊運河或外海，最推薦日落時分的遊船行程。亞果遊艇碼頭也與燦坤旅遊推出帆船體驗行程。

米其林三星文化導覽

臺南市政府的米其林三星文化導覽是免費的文化導覽，由在地專業導遊解說臺南各精華路線，包括孔廟、五條港，甚至還有夜間路線，炎熱的夏季夜遊府城最適合不過了。可上網搜尋「台南米其林三星之旅」，提前在網路上預約參加即可。

住宿

臺南近年來，四、五星級旅館的選擇越來越多了，像是晶英、捷絲旅、煙波、親子旅遊最適合的和逸、較為悠閒的大員皇冠、2022 年開幕的安平雅樂軒、福爾摩沙遊艇酒店等。

中價位的旅館也不少，如：整修過的天下大飯店、地點十分便利的Hotel A、服務頗有口碑的友愛街旅館等。

不過大部分遊客來臺南還是喜歡住民宿，市區選擇無比多，孔廟與美術館區觀光最便利，赤崁樓與國華街周區則方便品嘗各樣小吃，海安路周區最適合夜生活，金華路與信義街區，適合喜歡在地生活者。

嚴選台南

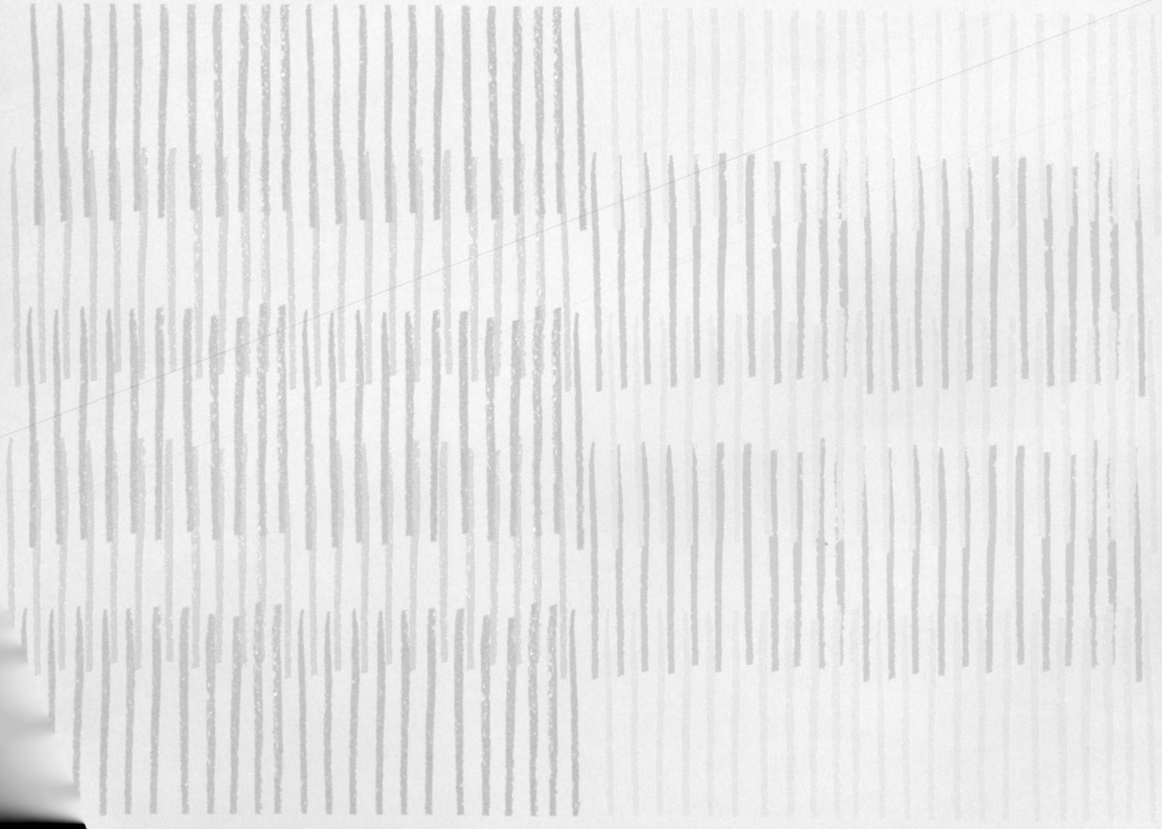